U0595856

高中思想政治教学
与教育管理研究

赵兴林 ◎著

北京燕山出版社
BEIJING YANSHAN PRESS

图书在版编目（CIP）数据

高中思想政治教学与教育管理研究 / 赵兴林著. --
北京 ： 北京燕山出版社，2023.5
　　ISBN 978-7-5402-6890-9

　　Ⅰ．①高… Ⅱ．①赵… Ⅲ. ①政治课－教学研究－高
中 Ⅳ. ①G633.202

中国国家版本馆 CIP 数据核字(2023)第 061689 号

高中思想政治教学与教育管理研究

作　　者	赵兴林
责任编辑	金贝伦　贾　玮
出版发行	北京燕山出版社有限公司
社　　址	北京市西城区椿树街道琉璃厂西街20号
电　　话	010-65240430
邮　　编	100052
印　　刷	北京四海锦诚印刷技术有限公司
开　　本	787mm×1092mm　1/16
字　　数	207千字
印　　张	11.75
版　　次	2023 年 5 月第 1 版
印　　次	2023 年 5 月第 1 次印刷
定　　价	72.00 元

作者简介

赵兴林，男，硕士研究生，中学政治高级教师，中共党员，重庆市彭水第一中学校督导室主任，研究方向为高中政治教学和教育督导。

赵兴林长期从事教学和管理工作，重庆市事业单位工作人员公开招聘面试考官，重庆市彭水自治县中级职称评审委员会专家，重庆市彭水自治县中级职称教学水平测试专家，重庆市彭水自治县教师招聘命题组专家，重庆市彭水自治县教师招聘面试主考官。他积极撰写论文，在各级各类刊物上发表 10 余篇，获奖 10 余篇，参与编著 10 余本校本教材，主持国家级课题 2 个，主研市级课题 2 个。2012 他年被评为重庆市教育系统创先争优活动优秀共产党员，2021 年被评为重庆市彭水县优秀共产党员。他还指导"纵横棋社"社团工作，他指导过的学员在重庆市彭水县中小学生棋类比赛中多次获奖和荣获"优秀教练员"称号。

前　言

育人始终是学科教学的终极目标，高中思想政治教学是学校德育的主导渠道。高中阶段是处于思想和价值观念逐渐形成并基本定向的重要阶段，在这一过程中，良好的教育引导能够帮助高中生养成完善的人格，培养优秀的能力。因此，高中教育工作需要不断强调学生的主体地位，教师的主导作用，综合人才选拔要求，充分发挥思想政治教学与教育管理的正面导向作用。

基于此，本书以"高中思想政治教学与教育管理研究"为题，共设置七章：第一章阐述思想政治教学的特点与任务、思想政治教学的规律与原则、思想政治教育管理及其必要性；第二章分析高中思想政治课堂教学设计、高中思想政治课堂教学准备与组织、高中思想政治课堂教学说课与上课、高中思想政治课堂教学语言与教态变化；第三章讨论案例教学法、主题探究式教学、微课教学以及思维导图在高中思想政治教学中的应用；第四章探讨素养与核心素养的界定、高中思想政治核心素养的内容、基于核心素养的高中思想政治教学设计、高中思想政治学科核心素养的培育实践；第五章论述高中思想政治教育教师的教学素养提升、高中思想政治教育教师的人格魅力塑造、高中思想政治教育教师的专业发展优化；第六章在阐述课外活动的作用及影响因素后，着重研究高中思想政治教育的课外阅读、参观活动与社会实践；第七章通过红色资源、新闻资源、影视资源与微视频资源，探讨高中思想政治教育创新资源管理。

全书内容丰富详尽，结构逻辑清晰，力求做到从理论到实践，从课程到教学，全方位呈现高中思想政治教学与教育管理的新发展，内容深入浅出、层层递进，既有理论剖析，又有实践应用的策略与方法，对我国高中思想政治教学与教育管理具有一定的参考价值。

本书的撰写得到了许多专家学者的帮助和指导，在此表示诚挚的谢意。由于笔者水平有限，加之时间仓促，书中所涉及的内容难免有疏漏与不够严谨之处，希望各位读者多提宝贵意见，以待进一步修改，使之更加完善。

目　录

第一章　思想政治教学与教育管理必要性

思想政治教学是教学活动的重要环节，思想政治教育管理是学校对学生全方位的管理，对学生学习成长有着重要的作用。本章研究思想政治教学的特点与任务、思想政治教学的规律与原则、思想政治教育管理及其必要性。

第一节　思想政治教学的特点与任务

教学是"以知识的接受为基础的教育活动，也就是说，通过教学，学生在教师的有计划、有步骤的积极引导之下，主动地掌握系统的科学文化知识和技能，发展能力、体力，陶冶品德、美感，形成全面发展的个性。因此，教学是学校实现我国素质教育目的的根本途径"。[①] 思想政治教学是思想政治教育的主渠道。

一、思想政治教学的特点

思想政治教学是高中教学活动的重要组成部分，是实现思想政治课程教学目标、提升学生的思想政治素质和道德水准、培养学生情感态度价值观的活动总称。思想政治教学具有以下特点：

（一）思想性和人文性的统一

思想性是指思想政治教学注重培养学生的思想品德素养，将思想意识的教育培养摆在突出位置，这是思想政治课的根本性质，也是其教学的灵魂，它决定着教学的方向，规定着教学的基本特征。人文性是指思想政治教学注重人文关怀，关心学生的思想成长，以学生为本。思想政治教学注重以中华民族优秀的传统文化和民族精神培养学生，关注学生成长需要与学生体验，尊重学生学习与发展规律，不断丰富学生的思想情感，引导学生确立积极进取的人生态度，培养坚强意志和团结合作的精神，促进学生人格健康发展。人文精神就是以人为本，而以人为本就是以人的全面发展为最高追求。

---

① 朱德藁，张园园，王鹤. 思想政治教学有效研究 [M]. 青岛：中国海洋大学出版社，2017：20.

（二）实践性和综合性的统一

实践性是思想品德教学的内在规定性，离开了学生的内心感悟和亲身体验，思想政治教育就只能是纸上谈兵。实践能大大增强思想品德教育的实效性和针对性，巩固和加强思想品德教育的成果。综合性主要体现在目标的综合性、内容的综合性和教学方法的综合性。

（三）预设性和生成性的统一

预设性是指思想政治教学要求教师在上课前做好准备，对学生的基本情况、教授内容、教学手段和教学目标等内容做出预期和筹划。生成性是指授课教师在教学过程中要根据具体的情况灵活调整教学方式，从而更好地完成教学任务。

（四）过程性和结果性的统一

重过程是将教学过程的逐步发展置于突出地位，引导学生参与思想政治教学，不断思考、学会、发现，进而实现自身认识的进步与提升，是思想政治教学的实现途径。重结果是指思想政治教学的目的，在于关注学生在政治素养、思想认识、意识水平等方面的形成和发展，这是思想政治教学的最根本要求。

二、思想政治教学的任务

思想政治教学的任务是指思想政治课所应承担的责任。思想政治教学主要是由学生和社会两个方面的客观因素决定的，因而，思想政治教学的任务就有学生发展的任务和社会发展的任务两个方面，其中，促进学生的全面发展就成为思想政治教学的直接任务。高中思想政治课程教学的任务可以概括为：用以马列主义为核心的综合性的人文社会科学知识武装学生，帮助学生逐步形成良好的思想政治品质，培养学生分析认识社会问题和自身思想问题的能力。

（一）帮助学生形成良好的思想政治品质

思想政治课是一门以社会主义德育为主要目标的综合性人文社会科学常识课。从教学目标来看，思想政治课基本上是德育课；从知识内容来看，思想政治课是以马列主义为核心的综合性人文社会科学常识课。思想政治教学帮助学生形成良好的思想政治品质方面的主要内容包括思想教育、政治教育、道德教育、法纪教育、心理教育等。思想教育就是要培养学生的世界观、人生观、政治观，提高学生的思想觉悟，全面提高学生的政治素质，调动学生参加社会主义建设的自觉性和积极性。政治教育就是要帮助学生把握正确的政治方向。道德教育就是要使社会主义道德规范和道德内容内化为学生的道德品质和行为。法纪教育就是通过思想政治教学逐步培养学生的法律意识，让学生掌握法律思维，依法规范自己的法律行为。心理健康教育就是要促进学生的心理健康发展，形成良好的个性心理品质。

（二）培养学生认识社会问题和自身思想问题的能力

创新精神和实践能力的培养，既是思想政治教学的重要目的，也是思想政治教学的重要手段。思想政治教学能力培养的特点是社会性和连续性。思想政治教学具有知识传承、思想教育和能力培养"三位一体"的任务。当然，在不同的时期又有所侧重。思想政治教学对学生的能力培养是多方面的，包括道德思维的能力、观察能力、辨别能力，以及认识问题和解决问题的能力等。

第二节 思想政治教学的规律与原则

一、思想政治教学的规律

规律是事物之间内在的本质的必然联系，它决定着事物发展的必然趋向。教学规律就是指在教学实施过程中，教与学之间常有的、内在的和本质的必然联系，教学规律决定了教学活动发展的方向，是教学活动中必须遵循的基本准则。思想政治教学的规律，就是指在进行思想政治教学的过程中，必须遵循的教与学之间常有的、内在的和本质的必然联系。"思想政治理论课教学质量提升的关键是尊重并运用好思想政治理论课教学的科学规律。"[1]

（一）知与行相统一

思想政治教学的知行相统一规律，是指通过思想政治教学既提高学生的认知水平，又指导学生的实际行动。思想政治教学的目的，在于使学生正确认识和接受思想政治教学的目的与要求，并能付诸实际行动，做到认知与行为的一致，而不是只停留在认知上，即知而不行；也不是认知与行为矛盾，即言行不一。坚持知行相统一的规律，就要求思想政治

---

[1] 宇文利．努力掌握并用好思想政治理论课教学的科学规律 [J]．思想理论教育导刊，2017（09）：139-142.

课教师不但要重视学生的学，教师把理论教好，还要重视学生的行，要指导学生按照理论的要求去做，积极参加社会实践活动，把知识变为行为，成为一个言行一致的人。

（二）教育与自我教育相统一

教育与自我教育相统一的规律，是指在思想政治教学过程中，既注重发挥思想政治课教师的主导作用，又注重发挥学生的能动作用，将教育与自我教育统一起来。思想政治教学是思想政治课教师按照思想政治教学的目标，通过有计划有组织的教学影响学生，把一定的政治观点、思想体系和道德规范转化为学生的自觉行动的活动。

自我教育是指学生把自己作为教育对象，自觉地、主动地进行自我锻炼、自我修养、自我完善的活动。著名教育家陶行知说过，"教是为了不教"。通过教育使受教育者具有主体意识和自我教育的能力后，他们就可以通过自我教育来实现自我发展，从而达到教育目的。思想政治课教师在进行教学的时候，不仅要"授之以鱼"，更要"授之以渔"，提高学生自我教育的能力。教育与自我教育相结合的规律，既强调了实施思想政治教学的重要性，也突出了自我教育的必要性，只有教育与自我教育紧密结合，思想政治教学才能取得实效。

（三）渐进性与曲折性相统一

思想政治教学的渐进性规律，是指在思想政治教学中教师应该从学生可以感知的具体生动的材料、数据、实例等出发，从学生关注的经济生活、政治生活、文化生活等现象入手，一步一步、有条不紊、由浅入深地开展教学。从哲学的角度看，一次完整的认识需要经历从感性认识到理性认识的过程，对事物的认识也要经历从浅入深的多次认识。同样地，学生理解和认识相关理论内容的过程，也是认识水平逐步提升、理论认识逐渐深入的过程。

人们认识事物从来就不是一蹴而就的，也不会一成不变。很多时候，人们的思想认识会出现反复。思想政治教学的曲折性规律，是指在思想政治教学中应该允许学生在认识上出现不同的理解、在行为上出现不同程度的反复，通过思想政治课的教学逐步引导学生提高自己的认识、修正自己的行为，最终达到学生思想认识与行为和思想政治课程教学目标的统一。

（四）间接经验与直接经验相统一

思想政治课教师必须正确处理好直接经验和间接经验的关系，把二者有机结合起来。虽然思想政治课的教学体现学校教育的特点，即以学习间接经验为主，但是人类认识世界的一般规律告诉我们：在间接经验和直接经验的必然联系中，认识的起点是直接经验。思想政治课堂上讲的都是系统的理论知识，这些原则、概念和规范对学生来说都是抽象的理论知识，不易被理解和吸收，所以教师在课堂上要适时地把间接经验和直接经验有机地联系起来，从感性认识上升到理论认识，学生就容易消化掌握。教师要善于利用学生生活中的案例等直接经验来解释书本上的间接经验，即把直接经验和间接经验有机结合起来。遵循间接经验和直接经验相结合的规律，教师既不能只注重间接经验，教材至上，也不能只注重直接经验，只联系生活实际，导致学生会学不到必要的理论知识。

（五）传授知识与思想品德教育相统一

在教学过程中，传授知识与思想品德教育是分不开的、相辅相成的，传授知识与思想品德教育应统一在教学过程中。知识是思想品德形成的基础，学生思想品德的提高又为他们积极地学习知识奠定了基础。

二、思想政治教学的原则

教学原则是教学经验科学的总结和升华，它来源于教学的实践经验，是经过检验了的教学经验，是从教学经验中抽象、筛选、概括出来的，是有效的理论。教学原则在教学活动中正确和灵活地运用，对提高教学质量和教学效率发挥着一种重要的保障性、指导性和调节性的作用。

思想政治教学原则是指在思想政治教学过程中必须遵循的准则，它形成于思想政治教学的实践，体现思想政治教学的规律性与价值性，贯穿于思想政治教学的全过程，渗透于思想政治教学的各个环节，是思想政治教学有序进行的基本规范。

教学规律是贯穿于教学活动中的客观存在的、必然的、稳定的联系。但是反映教学规律的教学原则不一定是客观的。教学原则对教学规律的反映取决于人们对教学规律主观认识的深刻程度。在教学规律面前，由于人们对同一教学规律认识不同，因而提出的教学原则也不相同。

（一）方向性原则

方向性原则是指思想政治教学要始终与我国的社会主义发展要求相一致，坚持正确的政治方向不动摇。在当前坚持方向性原则，就是坚持共产党的根本宗旨、基本纲领、基本路线不动摇。坚持方向性原则，就是为了要保证思想政治教学的本质特征，保证思想政治教学的意识形态性，引导学生树立科学的世界观和价值观，实现思想政治教育教学的价值要求。

坚持思想政治课程的方向性，就是要使教学为公民道德建设和党在社会主义时期的基本路线服务；坚持思想政治课程的方向性，就是从学生的实际出发，遵循学生的身心发展规律，对学生进行基本思想政治观点、基本道德、基本文明行为的教育，培养良好的个性心理品质和品德能力。

（二）民主性原则

所谓民主性原则，实质上就是建立一种和谐的师生关系，让学生"敢想、敢说、敢问、敢创"，绝不能以任何形式束缚学生的思想，要调动学生丰富的想象力，让全体学生都能参与进来，并产生浓厚的兴趣，通过开发学生的智力因素和非智力因素，最大限度地开发创新潜能，培养学生积极主动、自主独立、勇于探索、敢于创新的个性品质。

形成良好和谐的师生关系是实施思想政治课程教学的前提。师生之间的关系不仅是服从关系，更应是一种合作关系。在教师与学生之间应建立起以民主、平等、和谐为基本特征的新型师生关系，积极创建民主、和谐的学习氛围和精神氛围。师生之间应该是相互交流、相互启发、相互补充，教师和学生要分享彼此的思考、经验和知识，交流彼此的情感、体验与观念，实现教学相长和共同发展。当然，学生的思想问题也只能用民主的方法去解决。

坚持民主性原则，可以从以下两点出发：

第一，全面认识师生关系的内容和本质，准确把握师生关系的核心。师生关系的本质是平等的合作关系，其基本内容表现为三个方面：业务关系、伦理关系、情感关系。业务关系，就是工作关系，教师和学生都要明确各自的职责和任务。伦理关系，就是道德关系，师生都要按照道德伦理关系要求自己。情感关系，就是建立在情感之上的师生关系。总之，良好师生关系的创建，要从以上几个方面努力。其中，基础是业务关系，核心是情感关系。因此，良好师生关系的创建要以业务关系为基础，以情感关系为核心。这是正确处理师生关系的关键。

第二，教师要树立正确的教师观和学生观，充分履行教师在教学中的责任和义务。教师要以健康的情感去感染、教育、鞭策和激励学生，与学生平等、友好相处，化解生生之间、师生之间的矛盾与摩擦，创建安全稳定、健康和谐的成长环境，改变重智轻德、单一追求智育的现状，树立育人为本的思想。

（三）启发性原则

任何学习活动都要建立在学生自觉需要的基础上，应当充分调动学生的主动性和积极性。坚持启发性原则是因为个体科学知识的获得和科学世界观的形成既要靠灌输，但更主要是靠个体发挥主观能动性、主动积极学习的结果。

教师在教学活动中要最大限度地调动学生学习的积极性和自觉性，激发他们的创造性思维，从而使学生在融会贯通地掌握知识的同时，充分发展自己的创造性能力与创造性人格。①教师要帮助学生明确学习目的，学习目的越明确、越具体，越有利于启发和调动学生的学习积极性；②教学内容的选择和讲授要有适当的广度和深度；③教学方法的运用要灵活多样，并体现情感性。

（四）以人为本原则

思想政治教学是以人为中心、以人为目的的活动。思想政治教学以人为本的原则，就是在思想政治教学过程中重视关注、启发学生的内在教育需求，调动和激发学生的积极性、主动性和创造性，引导学生自觉树立正确的世界观、人生观和价值观，不断提高思想政治素质。

坚持以人为本的教学原则，就要求思想政治课教师要关注学生、关爱学生、关心学生，促进学生的全面发展。坚持以人为本的原则，是由社会主义国家人民群众主人翁地位决定的，是学校教育推进素质教育和人的全面发展的内在要求，是提高思想政治教学的实效性的根本所在。

（五）正面教育原则

思想政治教学的正面教育原则，就是用正确的思想政治观点对学生实施教育，通过摆事实讲道理来说服学生，使学生受到教育、提高认识。

坚持正面教育的原则，要求思想政治课教师在教学过程中树立唯物辩证看问题的观点，正面讲道理，使学生消除自己错误的思想和认识，促进思想和行为上的进步。要多宣传我国社会生活中的积极因素，少宣传消极因素。要运用社会生活中典型榜样，从正面鼓励学生进步。典型榜样是一些具有代表性的模范人物，以他们的先进事迹和模范行为去感染学生、影响学生、鼓舞学生。榜样的力量是无限的，它具有形象、生动、具体的教育特点，采用这种方法进行正面教育，不但说服力强，而且让人信服。

此外，教师要善于发现、培养和调动后进学生身上的积极因素，肯定他们的微小进步，尊重他们的自尊心，鼓励他们的上进心，帮助他们满怀信心地成长。对于极个别屡教不改、错误性质严重、需要给予纪律处分的学生，也要进行耐心细致的说服教育工作，以理服人，不能采用简单粗暴和压服的办法，更不得体罚和变相体罚学生。

（六）理论联系实际原则

理论联系实际原则，也叫理论与实际相结合原则，思想政治教学理论联系实际原则是指思想政治教学要始终理论联系实际，一切从实际出发，使思想政治教学符合我国社会发展的客观规律和学生的思想品德形成发展的规律。思想政治教学坚持理论联系实际的原则，实际上就是坚持实事求是的思想路线。思想政治教学的根本目的是培养学生科学的世界观、人生观和价值观，提高学生认识世界和改造世界的能力。

在教学工作中，要使教学计划、教学方案、教学目标和方法等必须符合教学的客观实际，即符合社会和学生的需要，符合学生的认知规律和社会所能提供的办学条件。

第一，课程目标要理论化。通过教学活动，学生能够较好地理解和掌握本学科的基本概念、观点和原理，能够运用所学的观点和原理来分析和处理相关社会问题和学生自身的思想问题。

第二，课程内容要生活化。具体来说，就是要使教材内容生活化、课堂学习内容生活化、教学方法生活化。要用教材的内容来解释生活，用现实生活的实例来丰富和说明教材内容，避免从教材到教材、从知识到知识的空洞说教。要联系人们所普遍关心的社会问题、学生中普遍存在的心理问题和思想问题，帮助学生运用有关理论来分析认识这些社会热点问题，帮助学生提高认识。

第三，教学方法要具体化。即要根据不同的课程目标和要求采取不同的教学程序，要根据不同的教学内容和教学对象采取不同的教学方法。

（七）从学生实际出发原则

思想政治课程是一门以学生生活为基础、以引导和促进学生思想政治发展为根本目的的综合性课程。坚持思想政治教学从学生实际出发是课程性质、课程理念、内容目标共同的必然要求。坚持思想政治教学从学生的实际出发，就要求思想政治教学坚持贴近学生、贴近生活、贴近实际。

贴近学生，要求我们尊重学生的生活经验和知识经验，要在学生已有的生活经验和知识经验的基础上实施教学；尊重学生的思想，关切他们在想什么、需要什么、关心什么，帮助他们解决问题，真正满足学生生活、成长、发展的需求。贴近生活，要求我们的教学要真正走到学生的生活中去，包括学生的家庭生活、学校生活和社会公共生活，无论是教学素材的选择、教学情境的创设、探讨话题的提出、解决问题的逻辑关系，还是结论的呈现，都应该是与现实生活密不可分的。没有生活的思想政治教学是无源之水，没有生活的思想政治教学课将会失去应有的生命活力。贴近实际，要求我们的教学理论联系实际，不回避社会生活实际现象和问题，并在联系实际的过程中引导学生学会正确观察社会生活现象、分析社会生活现象、解决实际问题。只有切实贯彻从实际出发的原则，才能增强思想政治教学的针对性、主动性和实效性。

（八）身教与言教相结合原则

思想政治教学要真正达到教学的目的，一靠真理的力量，二靠人格的力量。所谓真理的力量，就是思想政治教学的内容必须合乎实际，反映事物的本质和社会进步的趋势，是科学的，是经得起检验的真理；所谓人格的力量，就是思想政治教师必须言行一致，以身作则、率先垂范，自己提倡的道德标准和价值观念，要求别人做的，自己首先做到；禁止别人做的，自己坚决不做。

身教与言教相结合的原则，就是思想政治教师把教学与自身的言行结合起来，注重用自己的模范行为去影响和感染学生，以促使学生思想政治水平不断提高。思想政治课教师是否认同和践行思想政治教学的内容，对学生是否接受并内化它们有着重要的影响。思想政治课教师要不断加强理论学习和人格修养，努力提高自身的理论水平和思想道德水平，在生活中为学生树立一个榜样和楷模。

（九）科学性与思想性相结合原则

思想政治教学的科学性，是指思想政治教学对其本质和规律的揭示，及其对学生发展的促进是客观的、真实的。其科学性包括指导思想的科学性、理论基础的科学性、教学内容的科学性、教学方法的科学性、评价标准的科学性等。思想政治教学的思想性，是指思想政治教学不仅仅是传播理论、知识与信息，更是承担着引领价值取向和铸塑灵魂的任务，要帮助学生修炼思想品德，改造主观世界。

思想政治教学的科学性和思想性相结合的原则，就是指在思想政治教学过程中，既要保证思想政治教学内容的真实性、客观性、先进性，用科学知识和科学精神教育学生，又要培养学生正确的世界观、人生观和价值观。例如，在教学内容上，内容要真实、准确、系统，以理服人。在教学方法上，要符合学生的认识规律，以情感人。在教学目标上，要体现知识、能力、情意相结合，知识、能力、情意的要求就是思想性与科学性的要求。

第三节　思想政治教育管理及其必要性

学生思想政治教育管理问题，目的是促使学生思想政治教育各要素及其关系达到最优化配置，使学生思想政治教育管理的实效性实现最大化。将学生思想政治教育与管理合理化的结合，即思想政治教育与管理交相呼应，赋予校园中思想政治教育管理崭新的面貌，为学生思想政治教育管理方法创新上提供理论的依据，使人们认识到学生思想政治教育管理的紧迫性，这才是提高思想政治教育管理有效性的正确追求方向。

一、思想政治教育管理的含义

思想政治教育管理定义，主要有以下三种：

从管理学定义规则来界定，思想政治教育管理是指思想政治教育的组织领导部门与实际管理人员，通过对思想政治教育活动进行科学决策，从思想政治教育要素进行整合，即计划、组织、协调、调控和评价、领导等基本要素的关联方面，以揭示思想政治教育管理规律的过程。

从领导学规定来看，思想政治教育管理是指思想政治教育的直接管理部门，通过具体的管理人员对思想政治教育进行科学决策和正确指挥，以实现思想政治教育进行科学决策和正确指挥。领导与管理务必紧密结合，在思想政治教育中健全领导体制才能为实现思想政治教育管理提供保障，社会政治组织和政治利益集团在长期的发展过程中，明确思想政治教育的规律和目标方向，结合有科学依据管理的各种原则与功能，有正确思想指导的优化和调整思想政治教育管理系统内外各种关系和资源，以便最大限度地实现思想政治教育效率的社会控制过程。

从领导科学与管理学相结合的角度研究，思想政治教育管理是指思想政治教育领导部门、主管机构及其管理人员，运用计划、组织协调和控制等管理手段，对思想政治教育资源进行整合，以实现思想政治教育目的和任务的创造性活动过程。

思想政治教育是人类社会实践的一个重要组成部分，对于人类社会的发展起到的作用是不可替代的。随着历史和时代的发展思想政治教育本身在其内容、形式功能等方面，理论和实践内容不断在更新。笔者理解和比较赞同思想政治教育管理，以思想政治教育的性质和任务为依据，在一定的环境条件下，通过预测、决策、计划、组织、指挥、协调、控制、评价、有效地组织、调动和综合利用各种思想政治教育力量及有关要素，从而形成思想政治教育合力和整体优势，使得思想政治教育效果得到充分的提高，实现思想政治教育目标的创造性过程。

综上，思想政治教育管理，是指学校负责思想政治教育的领导部门、主管机构及其管理人员，对学生思想政治教育管理的全过程，在遵循思想政治教育规律的前提下，有计划地进行组织、协调、管理、实施、评价，优化学生思想政治教育环境的同时，实现学生思想政治教育资源最优化整合，进而实现学生思想政治素质的提高，促进学生自由而全面的发展。

二、思想政治教育管理的特征

管理是对组织的资源进行有效整合以达成组织既定目标和责任的动态创造性互动，其动态性、科学性、创造性、艺术性以及经济性是时代发展的基本特征。思想政治教育管理的特征与管理的特征有很多相似之处，但作为学生思想政治教育管理其独特性特别突出，表现在学生思想政治教育管理目标具有政治方向性、管理过程具有协作融合性、管理方式民主性、管理理念的开放性。

（一）目标的政治方向性特征

思想政治教育管理的目标，是工作者落实具体思想政治教育活动前明确的预期并争取达到的思想政治教育管理结果。学生思想政治教育管理的首要目标是政治的方向性坚定。思想政治教育管理要用科学发展观、和谐社会理论、中国梦的纲领作为政治性指引。在实践中确保思想政治教育管理政治方向与党政路线方针保持一致的前提下，对学生思想政治教育管理整个过程相关要素之间的关系和问题进行梳理，保证思想政治教育工作不偏离最初确定的目标，将目标的确定性贯彻到底，加强对学生爱国主义教育、理想信念教育、道德公德、法治观念等教育，提升学生综合素质，确保学生思想政治教育管理效果与目标一致。

（二）过程的协作融合性特征

学生思想政治教育管理在管理过程中需要通力合作，形成教育合力，让思想政治教育管理系统中的各部门更好地发挥预测、决策、执行、监督、评价的职责，实现各部门良好的沟通与协作，把能促进思想政治教育管理的各种相关具体要素有机结合起来，不断与时俱进，遵守切实思想政治教育管理规律，形成学校各相关部门多管齐下的局面，融合家庭及社会的思想政治教育力意识。

（三）方式的民主性特征

随着社会主义市场经济体制基本建立的同时，在建设社会主义民主和法制的进程中，人们的民主意识随着社会物质文明、精神文明的日益丰富发展与日俱增。思想政治教育管理无论是对人的管理，还是对物的管理，最终的落脚点都在人身上。学生思想政治教育管理应该做到围绕以学生这个中心进行管理，使得管理者与被管理者都能充分发挥各自主观能动性、积极性、创造性，这就决定了思想政治教育的管理必须具有民主性。这一特性要求管理者与被管理者全员参与、管理、自我管理相结合，充分参与各自主体性的管理活动。学生思想政治教育管理实质上是主观能动性高度发展的体现，在不断认识思想教育发展规律的同时，不断地发挥人的潜在能力，保障活动的有效性进行。在管理过程中管理者充分尊重管理相关因素中人的主体地位，并与之建立民主平等关系。真正调动管理者与被管理者参与管理的积极性、自觉性，才能真正发挥管理工作的实效性。

在适应社会新变化的同时采取民主化的管理，培养人的民主精神，发扬管理者民主作风，与被管理者平等相处、以平等态度交流思想，坚持用民主的方法来实现管理的预测、计划、决策、组织职能，不断的建设和完善民主管理制度。要求被管理者全员参与到实践活动中去，实现思想政治教育管理实效性的最大化发挥，保证思想政治教育顺利高质量地完成。

（四）理念的开放性特征

随着信息时代的到来，管理的大环境就是各种信息膨胀、信息传播的速度快、工具多样、途径多元。如果管理者脱离了开放的大环境，就会导致其处在一个与实际信息脱轨的管理状态，不可能准确地掌握被管理者的发展规律，很难收到良好的实效性。现代信息开放的社会也要求思想政治教育管理要做好宣传、组织、协调、控制，结合时代发展的开放性的需要，充分利用一切有利于学生思想政治教育管理一切有利的资源，为其发展创造优良的环境。现代性的开放思维，决定了学生思想政治教育管理要注重科学合理的资源优化配置，借助各部门力量，不断地拓宽沟通渠道，整合一切有利信息，壮大思想政治教育力量，形成思想政治教育合力，增强思想政治教育管理的有效性。

三、思想政治教育管理的必要性

在与时俱进的新形势下，学生思想政治教育管理作为思想政治教育的重要组成部分，成为越来越重要的话题，其必要性也是毫无疑问的。

（一）实现思想政治教育根本任务

学生思想政治教育管理作为实现思想政治教育目标的重要组成部分，思想政治教育管理必须把认真贯彻党的路线方针作为政治方向，用科学发展观、中国梦等思想来武装思想政治教育管理者与受教育者，把握教育对象的政治发展方向，切实发挥思想政治教育针对每一个学生的育人功能，实现思想政治教育管理效益的最大化，为进一步实现思想政治教育最终目标埋下伏笔。

（二）确保思想政治教育顺利进行

加强思想政治教育管理是确保思想政治教育顺利进行的必然要求，确保思想政治教育的顺利进行的影响因素很多，需要各方面形成人力、财力、物力、信息资源的优化配置，在专门领导机构的指导下，制定共同的工作目标，调动参与的积极性、创造性，在思想政治教育管理的过程中不断地调整和协调各方面的关系，做好思想政治教育工作，为思想政治教育顺利进行营造健康的环境，保持思想政治教育组织机能及文化先进性的状态，确保领导干部优良作风的榜样性作用，良好的校风对保证思想政治教育顺利完成有重要的现实意义，保证思想政治教育顺利完成是顺利完成思想政治教育根本目标与根本任务的重要前提。

（三）提高思想政治教育的质量

思想政治教育对受教育者进行辩证唯物主义和历史唯物主义的世界观、人生观、理想信念、道德法治教育，使得学生更加明确自己正确的价值观方向。不断深入加强思想政治教育管理的研究，不断地明确处在不同的历史时期，思想政治教育管理具有其独特性与规律性。以学生的最迫切需要为根本，加强爱国主义教育，注重传统文化的熏陶，培养学生做到讲仁爱、重和谐，讲诚信、重正义，讲史实、重气节，讲法治、重廉洁。学生实现政治教育管理最终落脚点就是真正使学生提升自身思想道德素质及文化修养水平，实现个性的自由全面发展，不断地为中国共产党的共同理想竭尽全力奋斗终身。把管理观念的现代化作为思想政治教育管理核心和灵魂，只有实现观念与现代化紧密结合，才能在实际管理中践行现代化。在思想政治教育管理中各要素进行整体协调做出科学的预测，立足正确的决断，实现良好的监督与反馈。提高战略的着眼点，形成规范与素质管理相统一、民主管理与刚柔并济管理相融合、渗透管理与全员管理相结合的良好局面，这些新的理念关系到学生思想政治教育管理的创造性发展。

（四）实现思想政治教育管理效益最大化

思想政治教育管理的实效性是根本，在管理的系统及管理过程中为确保更好地进行管理，确保我们所投入的人力、物力、时间、精力等得到最充分、最大可能的利用，进而保证思想政治教育管理的效益最大化得到实现。

学生思想政治教育管理的效益最大化指在校园特定的管理系统中，通过科学合理的配合各种资源要素，用最少的消耗取得最理想的效果，使得思想政治教育目标真正做到能培养合格人才，不断提高学生的思想道德素质及文化修养水平，在思想政治教育管理中获得最满意的效果。

有效实现学生思想政治教育管理的目标，通过管理系统内部各要素的相互连接，实现各有利资源的优化配置，使得各部门的管理者做到权责明确，全心全意地履行职责，科学地建设组织机构、实施思想政治教育管理活动活动中控制计划目标的方向性，尊重学生思想政治教育管理的发展规律，在学校这个特定的环境中才能真正地实现思想政治教育管理所追求的效益最大化，为思想政治教育管理的决策提供强有力的理论保证。

第二章　高中思想政治课堂教学及其变化

学校作为教育的主阵地，学生的综合能力与其课堂教学有着密切关联，应重视高中思想政治课堂教学，从而提升教育的有效性。本章主要探讨高中思想政治课堂教学设计、高中思想政治课堂教学准备与组织、高中思想政治课堂教学说课与上课、高中思想政治课堂教学语言与教态变化。

第一节　高中思想政治课堂教学设计

一、高中思想政治课堂教学设计的意义

所谓教学设计，就是指思想政治教师根据现代教育理念，通过对教材和教学对象的分析，根据预期的教学目标，运用系统的教与学的方法对思想政治教学做出全方位预期的策划。即思想政治教师为达成一定的教学目标，对思想政治教学活动进行系统的规划、安排与决策。或者说，教学设计是运用系统方法确定教学目标和分析教学问题，建立解决教学问题的策略方案、试行解决方案、评价试行结果和对方案进行修改的过程。教学设计的过程，实际是要回答"为什么教""教什么""怎样教"和"教得怎么样"等问题。

教学设计包括对课程标准、教材和学生的分析，教学目标的制定，教学内容和教学情境的设计，学习任务和学习活动的设计，学习活动的组织和评价设计等环节，强调在目标和内容设计的基础上进行的学习活动和组织策略设计，关注目标引导下的生成性内容的处理策略。

教学设计是教学活动得以顺利进行的基本保证。通过教学设计，思想政治教师可以对教学活动的基本过程有个整体的把握，可以根据教学情境的需要和教育对象的特点确定合理的教学目标，选择适当的教学方法，采用有效的教学手段，创设良好的教学环境，实施可行的评价方案，从而保证教学活动的顺利进行。通过教学设计，教师还可以有效地掌握学生学习的初始状态和学习后的状态，从而及时调整教学策略、方法，采取必要的教学措施，从而为下一阶段的教学奠定良好的基础。

二、高中思想政治课堂教学设计的特征

教学设计是否科学、合理和有效，关键是看教学过程是否符合教学活动的客观规律，能否有效地引起、维持和促进学生学习，学生是否取得了预期的进步或发展。所以，教学设计的基本特征可以体现在如下几方面：

（一）发展性

所谓发展，就是学生经过课堂学习取得了进步和获得积极的情感体验，在每节课都有实实在在的收获，这种收获表现为从不懂到懂、从少知到多知、从不会到会、从不能到能、从不想学到想学、从想学到学好的变化上，特别是在学习方法的掌握和学习能力的提升上。发展性还表现为教学设计充分考虑个体的差异，不强求全班同学的同步行进，允许学生根据各自的学习需求、学习方法和学习能力，选择各自的发展目标和目标达成的先后。

（二）开放性

教学设计是一个开放的系统，表现为教学内容以教材为范例，从单一的书本知识向学生的生活和社会生活等方面拓展；教学方法从以教师为中心向以学生为中心转变，提倡以"自主、探究、合作"为特征的研究性学习；教学过程注重师生的交流互动与心灵对话，让学生多一些感悟与体验的机会，多一份参与的激情和动力；问题解决从答案唯一向条件、问题、解法和结果的适度开放转变，培养学生的主体意识，发展学习能力。

（三）生成性

有人说教学设计不重视生成，其实恰恰相反，预设是生成的前提，没有充分的预设，就不可能有预期的生成。对于这个问题我们可以从教学设计与传统的课堂对比中看出：传统课堂把生成看成一种意外收获，教学设计则把生成当成一种价值追求；传统课堂把生成看成一种教学机智，教学设计则把生成当成彰显课堂生命活力的常态要求。因此，教学设计是一个动态、发展的概念，是根据教学过程中涌现的各种信息，及时修正原有的教学设计，灵活机智地选择教学策略，帮助学生有效达成预期的学习目标的过程。

（四）反思性

教学设计是一个连续的、不断改进和提高的过程，构思于课前，展开于课堂，调整于过程，完善于课后。反思是修正、完善教学设计的前提，是提高后续教学设计有效性的必要环节。

三、高中思想政治课堂教学设计的依据与内容

（一）高中思想政治课堂教学设计的依据

教学设计需要以新课程改革的理念为指导，以学生发展为本，发挥教师和学生的主观能动性，以实际教学需要为依据，实现人才的培养目标。

第一，人才培养目标。教学设计是创新课程教学的前提和基础。在教学设计中，要紧紧围绕人才培养的目标进行，即教学设计的思想、步骤、内容、形式、方式方法必须围绕人才培养的目标展开，以人才培养目标为核心；离开了培养目标教学设计也就失去了意义。

第二，满足学生发展。教是为了学，学是教的依据和出发点，教师的教必须通过学生积极主动的学才能起到有效作用。因此，教学设计要体现学生的主动性与创新性，把学生身心发展的特点和规律作为教学设计的一个重要依据加以认真对待。教师作为教学活动的设计者，在决定教什么和如何教时，应当全面考虑学生学习的需求、认识规律和学习兴趣，着眼于辅助、激发、促进学生的学习，满足学生发展的需要。

第三，满足实际教学。教学设计还要满足教学活动的实际需要，为实现这种需要提供最优的行动方案。因此，教学设计最基本的依据就是教学活动的实际需要。在进行教学设计时，教师应首先明确教学任务和教学目标，并对它们进行认真的分析、分解，使之成为可操作的具体要求。在此基础上，综合考虑各种教学因素，选择设计必要的教学策略，使教学设计方案在立足教学现实需要的基础上发挥出应有的作用。

（二）高中思想政治课堂教学设计的内容

1. 学情分析

学情分析是教学得以正确开展的基础，也是教学设计中对教学重点难点、教学方法取舍的依据。学情分析包括以下几方面：

（1）知识起点分析。知识起点即学生已有的知识基础和生活经验。学生学习新知识前必须分析他们已有的知识经验，分析已有的知识经验对学习新知识的影响等。

（2）能力起点分析。分析学生掌握教学内容必须具备的学习技巧，以及是否具备学习新知识所必须掌握的技能和态度。

（3）心理特点分析。分析学生年龄特点，以及身体和智力上的个体差异所形成的学习方式等。

2. 教学目标分析

高中"思想政治"教学的目的是培养学生具有思想政治学科核心素养，因此，目标的

分析就包括政治认同、科学精神、法治意识和公共参与。教学目标是根据国家课程标准来设定的。因此，它带有"规范性"，由于教学内容的丰富性、学生凭借自身经验与体验对它解读而产生的多义性、教学活动中教师与学生对话碰撞产生的"意义"的新异性以及现代课程资源的广袤性，一些新的目标就会被引发和生成出来。这就是教学目标的生成性。因此，一位好的教师应该能够很好地将教学目标预设性和生成性统一起来，取得最佳的教学效益。

3.重点、难点与热点分析

重点是教材中最重要的、最基本的理论知识，或是最关键和最有现实意义的部分。每堂课教学都应有重点，分析教材首先要找出重点，然后要照顾重点与非重点的关系。难点是指学生难以理解和难以掌握的地方。分析难点是突破难点的前提，分析难点的关键放在"难"的原因分析上，以便于选择有针对性的教学策略。热点是指与教材内容相联系的、学生普遍关心的社会问题。热点问题是属于学生的思想问题，分析热点既要分析社会问题的成因和发展，又要分析热点问题对学生认识的影响。

4.方法手段分析

（1）教学方法。思想政治教育教学方法是在思想政治教学情景中，政治教师和学生为了教和学而进行的以思想政治学科为内容的教学活动方式。常用的思想政治教育教学方法有讲授法、谈话法、演示法、练习法、参观法、问题法、阅读法、讨论法、探究法、复习法等。设计教学方法需要注意的是高效率、设疑启思、情理交融、知行统一。

（2）学习方法。传统的教学实践中，人们只偏重"教"的方式方法，而忽视了"学"的方式方法。在新课程理念下，更需要关注对"学"的方式方法的指导。学习方法指导的目的是教会学生学习。教师要结合具体的教学内容，将基本方法和有关技巧的灵活运用等渗透给学生，同时指导学生将课内掌握的学习方法运用到课外学习中去，最终促成学生"会学"。

（3）教学媒体。媒体是指信息的载体和传递信息的工具。当媒体直接加入教学活动，在教学过程中传输有关的教学信息时，人们把它们称为教学媒体。现代媒体丰富了教学内容，增加了教学的密度和容量，能创造出使知识、学问来源多样化的文化教育环境，为学生个性、素质的发展提供了无限广阔的天地。教学媒体包括：标本、模型等实物演示的教学媒体，电影、电视等动作演示的教学媒体，幻灯、投影、视频等现代多媒体教学媒体，录音、挂图等传统教学媒体，等等。教学媒体的选择要服从教学目标需要，适合表现教学内容；要发挥媒体特长，有利于教学；要适合教学对象特征，符合教学心理规律；要适合现有教学条件，方便教师操作演示。

5. 课前准备

在这里，主要是指为了本节课的学习，教师对学生的要求，让学生做的准备，教师自己对教具学具（媒体）及有关材料等方面的准备，如选择使用的挂图、幻灯片、录音带、录像带、新闻图片、计算机、网络等教学媒体。

6. 教学流程

所谓"教学流程"，就是如何展开教学的步骤，即是指教师在设计课堂教学时所规划的、所要实施的、或明或暗地被划分成若干个环节的教学步骤，以便在课堂上有序地向前推进。

教学流程可以用语言描述的方式进行，例如，"基于问题的教学"设计方法，其教学设计流程为：创设问题情境引导学生自主学习—组织合作交流—进行适度拓展—引申发展问题。

教学流程也可以采用流程图的方式表示。用流程图的优点是：可以直观地显示整个课堂活动中各个要素之间的关系、比重；教师可以依据学习者不同的反映情况做出相应的教学处理，灵活性大、目的性强；教学过程流程图是浓缩了的教学过程，层次清楚、简明扼要、一目了然。不过在竞赛的过程中，如果采用流程图的方式，会占用很多的时间。目前较为常见的流程图有逻辑归纳型、逻辑演绎型、探究发现型、练习题型等。

7. 教学过程设计

教学过程的设计是教学设计的核心。教学不仅仅是一个传授知识、学习知识的过程，还是一个教师和学生共同建构知识和人生的过程。这一过程的基础是师生间的交流、对话和合作。

教学过程的设计，一般包括这样：导入新课、学习新课（重难点的解决）、课堂练习、课堂检测、课堂总结、课外延伸作业等。不同的课程类型会有不同的教学过程设计。

8. 教学检测与评价

对知识目标的评价，要注重去评价学生对知识意义的实际理解和把握；对能力目标的评价，要注重对理论观点、原理的运用能力进行考评，注重对动脑、思维、动手、操作的能力进行评估；对情感态度与价值观目标的评价，既要坚持正确的价值标准，又要尊重学生的个性表现，关注学生情感和态度变化的趋向。

教学检测与评价可以和巩固知识、课堂的延伸与拓展结合起来。有的教学设计把本部分直接放在教学过程设计中，也有的把本部分单独列出来。

9. 板书设计

板书是课堂教学的有机组成部分和重要手段，在设计媒体时千万别忽视了对板书的设计。好的板书具有直观形象的特点：有的提纲挈领，使学生头脑中条理清晰、重点分明；有的图文并茂，使学生受到美的熏陶；有的画龙点睛，使学生深刻体会作品的意义和作者精湛的艺术。所以，教师教学设计要在深钻教材的基础上，针对教材和学生的特点，精心设计板书。

板书形式多样，因内容而宜，因人而宜，但板书必须内容简洁而富有启发性，思想优化凝练而富有灵活性，形式精而富有实效性。教师备课要在深钻教材的基础上，针对教材和学生的特点，精心设计最有表现力的板书。

在进行板书设计的时候，由于采用多媒体教学，所以，板书设计可以简单一些，把主干知识列在黑板上，让学生对教材有一个整体的认识与把握。在学生进行全班交流的时候，根据学生的发言，以副板书的形式加以记录，有助于最后的分析、整理、归纳。

10. 教学设计反思

针对上述教学环节，对教学目标的达成、课堂上生成性知识的处理、师生互动、教学相长等方面存在的不足进行理性的思考，给出自我评价或改进的建议。

四、高中思想政治课堂教学设计的原则

思想政治课的教学设计既具有其他学科的共同规律，又有自己独有的特征。作为一位思想政治学科教师，作为学生成长路上的引路人，我们在教学设计时应坚持以下原则：

第一，目的性原则。要牢记本学科的教学目的，始终坚持以高尚的品德塑造人，以崇高的精神鼓舞人，以先进的思想教育人，培养学生健全的人格、高尚的情怀、健康的心理、崇高的理想。

第二，教学理念性原则。要始终不忘教学理念，并且只有深刻理解了新课程的新理念、新要求，我们的教学才能生动活泼，也才能富有时代性和教育性。

第三，以学生为本原则。学生是教育的主体，是教学活动的参加者。我们的教学必须以学生为本，从学生实际出发，重视学生的参与，重视学生的体会。采取各种教学模式和手段，激发学生学习的热情和积极性，做到师生互动、生生互动，创造和谐良好的师生关系，使学生在和谐良好的学习环境中愿意学、喜欢学、自觉学。

第四，教学创新性原则。只有不断地创新，大胆尝试，我们的教学才能有所突破，才有活力，才有所发展。教学设计必须反对一切"故步自封""墨守成规""因循守旧"的做法，要立足创新，积极创新。

第五，实事求是原则。各地区发展不平衡，各地的教学水平和教学条件差别甚大，学生的水平能力也是不一致的。因此，教师的教学设计要实事求是，因地制宜，因材施教，

尽自己的最大努力培养出品德优良、知识全面、基础扎实、技能娴熟、思维敏捷、富有创新精神和社会责任感的优秀人才。

第六，程序性原则。思想政治学科的教学同样具有系统的程序性。因此，教学设计是一项系统序列工程，各子系统的排列组合具有程序性的特点，即各子系统有序地成等级结构排列，并且前一子系统制约、影响着后一子系统，而后一子系统依存并制约着前一子系统。根据教学设计的程序性特点，教学设计必须体现出其程序的规定性和联系性，确保教学设计的科学性。

第七，可行性原则。思想政治学科教学设计同其他学科一样，要成为现实，必须具备两个可行性条件：①符合主观和客观条件。主观条件应考虑学生的年龄特点、已有知识基础和师资水平；客观条件应考虑教学设备、地区差异等因素。②具有可操作性。教学设计应能指导具体的实践。

第八，反馈性原则。思想政治学科教学成效考评只能以教学过程前后的变化以及对学生作业的科学测量为依据。测评教学效果的目的是获取反馈信息，以修正、完善原有的教学设计。

第二节　高中思想政治课堂教学准备与组织

一、高中思想政治课堂教学准备

（一）高中思想政治的备课环节

教师上课前的准备工作简称为备课，备课是全部教学工作的基础，是上好课的关键，是提高教学质量的重要环节。备课的结果是教学设计（教案）形成，教案完成后还必须进一步熟悉教案。

1.备课的基本原则

（1）目标指向原则。教学目标是教学的出发点和归宿，备课和教学设计必须以一定的教学目标为导向，按目标进行备课和编写教案。

（2）学生主体性原则。学生是学习的主体，教学中发挥学生的主体性作用，教学效果会更好。因而，教师在课前设计时，必须从学生的主体性出发，设计出学生参与教学活动的过程。

（3）素质全面发展原则。思想政治学科的教学目的最终是要培养学生的全面素质，使学生在知识、能力、情感态度价值观、行为等各方面都得到发展。因此，教师在进行课前设计时，必须从这一点出发，设计出最恰当的教学方案。

2. 备课的具体内容

（1）备课程标准。课程标准是国家制定的指导教学的纲领性文件，它体现了国家意志和教育行政部门对教学内容和基本要求的干预。它不仅规范了具体的教学内容，明确了对教学目标和程度的具体要求，还规范了教师如何使用教材。因此，教师在课前进行教学设计时，必须首先认真学习课程标准，树立课程标准意识。

（2）备教材内容。教师要深入分析教材，把握知识结构，抓住知识要点，搞清重点、难点、热点，抓准思想教育性因素，针对教学内容，选择并收集有关的教学参考资料、情境图片等，以充实教学内容。

（3）备学生实际。教师要首先了解学生的现有认知水平和对知识的需求，了解学生的思想状况，了解学生的社会政治态度；其次设计出解决这些问题的办法和方案，以实现本学科教学的教育目的。

（4）备社会实际。备社会实际，就是要分析当前的时事形势和党的中心任务，选择讲授这一课时教材所需的社会实际材料，特别是要根据形势删掉过时的材料，适当增添一些新内容。

（二）高中思想政治教案的编写

教案是教师备课的书面成果。它包含教学的知识要点、重点、难点、热点、关键点、教学进度程序、所选定的最佳教学模式等。教案是教师上课的主要依据，也是教师上好课的前提，它可以保证教师有目的、有计划地进行课堂教学。教案一般分为详案和略案两种。教师是写详案还是写略案，可以根据自己的教学经验情况来确定。一般来说，新教师应写详案，有经验的教师可以写略案。

教案通常由两部分构成：一是教案的一般情况，包括授课班级、课题、教学模式、课时、教者、教学目标、教学分析和教学方法等；二是教案正文，就是教学内容的讲授计划或教学进程，或者是教师在教学过程中围绕教学目标，帮助学生感知、理解、掌握、巩固及运用理论知识的整个计划。它包括导入的计划、讲授新课内容的计划、巩固新知识的计划、板书的计划等。

二、高中思想政治课堂组织教学

调控课堂教学秩序最根本、最有效的是采用适宜的教学模式，积极地组织课堂教学。教师要通过教学组织管理，建立和谐的教学环境，帮助学生达到预定的课堂教学目标。它不仅影响到整个课堂教学的效果，还与学生思想、情感、智力的发展有密切关系。因此，为了保证良好的课堂教学效果，提高教学质量，思想政治教师必须掌握课堂组织教学艺术。教师课堂教学组织艺术是课堂教学活动的支点，它决定了课堂教学的方向，具有非常重要的作用，并贯穿于整个课堂教学活动的始终。

（一）课堂组织教学的功能

第一，保证性功能。课堂教学的组织与管理能够保证教学活动的正常进行。师生共同遵守课堂纪律，自觉维护课堂秩序，从而保证教学的顺利进行，是课堂教学有效性的体现，而促进师生遵守课堂纪律维护课堂秩序，则依靠课堂教学的组织与管理来实现，因此，组织课堂教学，是课堂教学顺利、正常进行的保证。

第二，创设性功能。巧妙地组织教学能创设良好的课堂气氛。只有积极的课堂气氛才符合学生求知欲的心理特点。师生之间、同学之间的关系融洽和谐，才能促进学生的学习和思维的发展。从教育的角度来看，良好的课堂气氛，是一种具有感染性的催人向上的教育情境，可以使学生受到感化和熏陶，产生感情上的共鸣。从教学的角度来看，创设生动活泼的课堂气氛，会使学生的大脑皮层处于兴奋状态，易于全身心地投入学习，并且能够使所学知识掌握牢固，记忆长久。

第三，协调性功能。协调性功能是由课堂管理对象的特点决定的。由于课堂是由人、物、信息、时间、空间等要素组成的复杂系统。就其中的主要因素——人来说，几十个、上百个学生在一起活动，没有行动上的协调一致，教学就无法进行。要想发挥课堂系统的整体功能，取得良好的教学效果，就要充分发挥课堂管理的协调功能。

第四，维持性功能。维持性功能是指教师通过一定的管理手段，较持久地维持课堂教学的基本秩序，以形成比较稳定的教学环境，保证教学活动的顺利进行。

第五，应变性功能。课堂突发事件的发生往往具有不确定性，所以教师应具备应变功能，即教师在事件发生后的短暂时间内果断地采取恰如其分的应变措施，使突发事件得到有效解决。这既体现了教师的教学能力，又反映了教师的应变能力，同时，也反映了教师的组织教学能力。可以说，处变不惊、从容应对是教学应变艺术的真实体现，它能帮助教师组织好课堂教学，保证教学任务的完成。

第六，高效性功能。组织教学能提高教学的效果和效率，具有高效性功能。课堂教学的组织与管理影响着课堂教学氛围的创设，而良好的课堂教学氛围则有利于提高教学的效果和效率。课堂教学活动是教师、学生和教育环境相互作用的过程，课堂教学活动的效果不取决于教师如何教、学生如何学，还取决于一定的教育情境。课堂教学气氛是其中的软环境，它通常是指课堂里某些占优势的态度与情感的综合状态，这种课堂气氛形成以后，往往能维持相当长的一段时间，影响并调节着教师和学生的课堂参与情绪，所以，创造良好的课堂教学气氛是实现有效教学的重要条件。

（二）课堂组织教学的基本原则

组织教学的目标在于集中和维持学生的注意，引起学生的学习兴趣和动机，增强学习自信心和进取心，为顺利完成教学任务创造良好的课堂气氛。因此，要求遵循下列基本原则：

第一，目的性原则。教书育人不仅是组织课堂教学的重要目的，更是思想政治课教师的根本职责，因此，教师组织教学必须有明确的目的。通过组织的作用，注意培养学生良好的心理品质，逐步引导学生明确学习目的，严守纪律，热爱科学，形成良好的道德品质和行为习惯，使学生学会学习。同时，在组织课堂教学中渗透着思想教育，而且在教学中教师严谨的治学态度、精湛的教学技艺、高度的责任感等言传身教，也潜移默化地影响着学生。

第二，激励性原则。实施组织教学首先要求教师在课堂上努力创设和谐愉悦的教学气氛，创造有利于学生思维、有利于教学顺利进行的民主氛围，从教学的人性化出发，了解学生、与人为善，尊重学生的人格。坚持正面教育，以表扬为主，激发积极因素，克服消极因素，发现问题时通过多种方式给予暗示或引导，而绝不能责骂体罚学生，或者可采用"悬挂"的办法课后解决。教师要使学生逐步养成热爱班级集体荣誉、遵守纪律和勤奋刻苦、创新学习的良好行为习惯，鼓励学生主动发问、质询和讨论，让学生思维流程的浪花不断跳跃激荡。当然，贯彻激励性原则并不排除严格要求和必要的批评，有说服力的批评其实也是对学生的激励。

第三，引导性原则。教学机智是指教师对学生活动的敏感性和应变能力。当个别学生发生意外情况时，教师应及时做出反应，因势利导，采取恰当的措施，引导学生将不利因素消除，公平、合理、恰到好处地处理好个别学生的问题，将其引导到有利于学习的方面来。教师要灵活运用多种不同形式的活动，有针对性地引导、激励、教育学生。

第四，冷静性原则。遇特殊事件而不急不躁是教师应具备的一种良好的心理素质，它是以对学生的热爱、尊重、理解等高度责任感为基础的。因此，遇到课堂出现意外事故，要沉着冷静，不焦不躁，头脑清醒地分析原因，从教育的利害关系出发，妥善处理好问题。

第五，自我调控原则。教师在情绪上的波动需要教师自我调控。教师遇到高兴的事情时，不要得意忘形，更不要在学生面前自吹自擂；心情不好的时候，也要进行必要的调控。因为教师的不良情绪会给学生带来压力，也会给课堂罩上一层阴影，这就需要教师通过毅力去克服。当遭遇了重大的打击，精神上受了深度刺激后，教师应避免正面面对学生，不要以讲为主，而应以练为主。

第六，实事求是原则。在课堂上难免会出现教师答不上来的情况，或出现教师说错话、写错字的情况，这并不是坏事，反倒是一种"束缚机制"。它促使教师必须认真备课，吃透教材。一旦在课堂上出现令教师尴尬的情况时，教师应本着实事求是的原则来处置，不要强词夺理。所谓教学相长，教师与学生在教与学的互动中，共同进步、提高，二者是相辅相成的。

第七，反馈性原则。运用信息反馈原理，对课堂教学组织管理进行主动而自觉的调节和修正，是反馈原则的基本思想。其具体要求和措施，只有建立在班级学生思想、学习特点的基础上，才具有针对性和有效性。这要求教师在备课过程中，认真调查学生的具体状况，分析研究必要的组织管理对策。课堂管理的反馈原则，还要求教师在课堂教学中，不断运用即时的信息来调整组织管理活动。教师应当不断分析教学目标与课堂组织管理现状之间的偏差，运用自己的教学机智，因势利导，确定课堂组织管理的各种新指令，善于在变化的教学过程中寻求优化的组织管理对策。

（三）课堂组织教学的艺术性

1.管理性组织教学艺术

管理性组织的目的是进行课堂纪律管理，以保证课堂教学的顺利进行。课堂是学习的场所，既要使学生生动活泼地学习，又要有严格的纪律做保证。因此，教师课堂教学的重要任务之一就是对课堂秩序的管理，既要不断地启发引导，又要不断纠正学生的不良行为，维持正常的教学秩序，以保证顺利完成教学任务。

（1）教师要经常进行教学秩序管理。如发现违反教学纪律的现象，则应从关心爱护学生的角度出发，了解情况，然后提出相应要求，用课堂纪律来约束他们。或者采用暗示法，如边讲边走到不专心听讲的同学面前停留片刻，或拍拍其肩膀等手段制止。

（2）对个别学生的问题管理。尽管教师千方百计地进行引导教育，也难免个别学生出现问题。这种个别学生的行为，一般来说，不是他们道德观念的产物，大多是出于好奇或不正常心理的表现。这时教师应当创造一种相互信任、自然、亲切的气氛，以理服人，采用说服教育方式。

2. 指导性组织教学艺术

指导性组织教学艺术是指教师对某些具体教学活动所进行的组织，其目的是指导学生积极参加教学活动并有所获。

（1）对阅读、观察等的指导组织。阅读、观察等都是学生学习的方法，想要使学生全身心地投入学习，则需要教师在课堂上不断进行指导组织。如果教师利用阅读提纲或提出问题的方式加以指导，使学生会读，读有所得，就能逐步提高学生的读书兴趣和能力。在指导中，给出时间限制是要求学生迅速投入，抓紧时间阅读，以训练其阅读能力。要求概括主要内容，不仅会使学生在阅读时注意力集中，还为学生指明了阅读时思考的问题和阅读后所要进行的活动，使学生能更好地组织自己的语言为回答问题做准备。观察是持久的、有目的的注意，是带着目标对观察对象各方面的研究。在准备让学生观察时，要使学生明确为什么观察、观察什么、如何观察，再让学生观察。有经验的教师常常采取提问的方式，让学生通过观察解决问题，在观察中思考问题。

（2）课堂讨论的指导组织。讨论是有计划、有组织、学生积极参与的独特的合作探究式或互动式教学模式，它在文科教学中广泛使用。当课题富有争论性或具有多种答案时，最适用这种模式。讨论的特点是使全班每个人都有参与学习活动的机会，促使他们思考问题，真正成为学习的主体。在讨论中，要求每个学生都要认真地思考问题，并做出反应。通过讨论、争论，彼此启发，相互补充，对问题做出结论和概括。这样，学生就成为知识的主动追求者，可采取全班讨论、小组讨论、专题讨论、辩论等方式。为了使讨论能顺利进行，要给学生适当的准备时间。在讨论中要善于点拨引导，使所有人都能参加，同时，要制订讨论规划，防止讨论乱争吵或发生个人冲突。

3. 诱导性组织教学艺术

诱导性组织是在教学过程中，教师用充满感情、亲切、热情的语言引导鼓励学生参与教学过程，用生动有趣、富有启发性的语言引导学生积极思考，从而使学生顺利完成任务。

（1）亲切、热情、鼓励。这种方法特别适用于学习成绩较差和不善于表达的学生。这类学生在回答问题时，心理上会产生紧张情绪。因此，教师应用亲切温柔的语调安慰他，当学生回答不准确或词不达意时，教师应肯定他们的优点和正确的方向，并给予鼓励，进行适当的提示，使他们能较好地表达自己的思想。

（2）设疑、点拨、激发。激发学生产生疑问，引起学习的欲望，是调动学生学习的主动性、积极性，使其深入思考问题的一种好办法。这里，首要的是教师要善于提出问题，特别是要求学生掌握的内容，而学生的理解又是肤浅时，要激发学生产生疑问，将大内容化作若干个小问题，一个问题解决了，再提出一个问题。这样，既使学生理解了内容，又使他们学会了思考问题。

（四）课堂组织教学的应变策略

应变性组织教学亦称教学机智，教学机智是教师在教学活动中的一种特殊智力定向能力，是指教师对学生的各种表现，特别是面对偶发事件时，能及时做出灵敏的反应，并采取恰当措施解决问题的特殊能力。这是教师善于根据课堂情况变化，创造性地进行教学的艺术，是每个教师必须具备的应变能力。应变技能具有突发性、果断性、准确性、巧妙性、灵活性、启发性、敏捷性等特点。

1. 教师自身失误的应变策略

教师往往会因为自己的失误而造成课堂秩序混乱、教学中断，使自己处于尴尬的境地。这时既不要慌乱，也不要强词夺理、责骂学生，而是要巧妙地进行处理。

（1）教学内容超时的应变法。教学内容较多，时间偏紧，预订计划不好完成时，要果断地压缩某些次要的、课本上讲得较细的、学生容易理解的内容，或原定要细讲的某些事例；要妥善使用概括语，尽可能地保持教学内容体系的完整性。而这样做，容易给学生留下知识"隐患"，因此，在课后复习中要注意予以强化补充。

（2）教学时间剩余多的应变法。在教学时间剩余过多、学生学习精力可能涣散的情况下，为了保持学生学习的紧张状态，教师应给出一些练习题，让学生做，或是规定时间读书，接着提出问题要求回答，不要让学生在课堂上无事可干，浪费时间。

（3）教学实际和预想方案不符时的处理艺术。这种情况主要是由于教师对学生的情况了解不够，以及对教学内容的深度把握不住造成的。当教学实际与预想方案不符时，就应当机立断，改变教学方法。例如，把讲授改为讨论，切不可拘于原教案。

（4）教师口误或笔误的应变艺术。由于教师的疏忽或备课不充分，容易造成口误、笔误、忘词等，其应变办法如下：

一是口误应变法。因用词不当、读音错误或叫错学生的名字等，容易引起学生哄笑或议论，其应变办法是冷静而坦率地承认失误，并再正确地讲一遍。

二是笔误应变法。板书笔误通常有漏写标题、错别字、漏字、多字等情况。其中，漏写标题对学生的影响较大，一般来说教师应在板书后快速检查一遍，发现问题及时纠正。但如果出现笔误，开始没有发现，讲授过程中才发现，也不必立即停讲而进行修改，可在写下一条板书时顺便纠正。

三是忘词应变法。讲课忘词是青年教师常见的失误，特别是初登台讲课最容易忘词。

再加上不善于运用教材和教案，忘词时往往只站在讲台上苦思冥想，从而造成教学中断。防止忘词的办法主要是讲课前要熟悉教案，课中要随时翻阅教案，特别是关键词要写得突出醒目，使其起到提示作用。如果发生忘词，那么首先不要慌张，可适当放慢讲课速度，同时，迅速翻阅教案和材料，也可要求学生同时打开课本，指导学生阅读刚讲过的内容，强化他们的记忆。教师可借机调整思路，翻阅教案，准备继续讲课。如果遗漏了重要内容，讲的过程中又想起来，也不必急于纠正和补充，可在新课小结和巩固知识时，予以补充和强调，但要注意内容的完整性和逻辑性。

2.学生对教学内容质疑的应变策略

在课堂教学中，教学内容及教师的讲授并没有错误，但由于学生对社会实际了解得少，或思维方法有错误，或概念不清，或思想偏激等而引发的对教学内容有质疑，会提出一些问题，这是学生善于思考的结果，教师应把它看作好事，要采取澄清情况、引正思路等针对性措施来解决。

（1）存疑待查。教师对不便当堂回答或自己不知道的问题暂时不答，而把问题留给学生，促使学生去思考。此类问题，教师如果解答，可能会影响课堂教学计划，或者是教师需要查阅有关资料才能解答，可采用存疑待答法，既保护了学生的积极性，又留下了探讨的悬念，也为教师更准确地解答赢得了时间。

（2）简语释疑。对学生头脑中的有些疑团，可以用一些妙语、警句、比喻、俗语、幽默等精辟的简短语言去解答。

（3）讨论共答。学生提出的问题与本节课内容有密切关系，教师可以把问题还给学生，有意识地组织学生讨论。教师引导学生思考问题，并做归纳，以达到良好的教学效果。

3.教学过程中对意外事件的应变策略

在课堂教学中，因教师或学生的原因，会导致各种混乱现象。解决这些问题的根本是教师要提高教学艺术水平，可以采用以下方法：

（1）停顿法。当出现混乱情况时，便突然停止讲课。这时学生会马上安静下来，注意听课。

（2）换元法。换元法指教师讲到学生感兴趣的问题时，学生议论不休，就立即将讲授课改为讨论课或辩论课，让学生开始有秩序地发言或辩论。这样既维护了课堂秩序，又可以使学生积极思考。

（3）连接法。教师可以根据突发事件，联系上课内容巧妙地把学生的注意力转移到课堂内容上来。

事实上，在具体的应变中，任何一种策略都不是万能的。它往往只适用于各种不同对象、不同情境、不同角度的应变要求，因而都具有内在的逻辑关系。在运用应变策略时，教师必须针对课堂具体问题，准确把握有关对策，绝不能将其孤立化、模式化和绝对化。唯有着眼全局，把握全局，在满足课堂教学活动需要、符合教学原则下实事求是、灵活运用，才能取得应变的最佳效果。

第三节　高中思想政治课堂教学说课与上课

一、高中思想政治课堂教学的说课

（一）说课的认知

1. 说课的类型与步骤

说课是教师对自己已讲授或将要讲授的课程内容与方式等问题所做的解释和说明。进一步说，就是教师备课之后、讲课之前（或者在讲课之后），把教材、教法、学法、授课过程等方面的思路或教学设计及其依据面对面地对同行（同学科教师）、领导或其他教学研究人员做全面讲述的一项教研活动。

说课的类型很多，有课前说课、课后说课、评比型说课、主题型说课、示范型说课等。课前说课就是教师在初步完成教学设计基础上的一种说课形式，是教师个体深层次备课后的一种预设性的说课活动；课后说课是教师按照既定的教学设计进行上课，并在课后向所有听课实习教师或指导教师阐述自己教学得失的一种说课形式；评比型说课是把说课作为教师教学业务评比的内容或一个项目；主题型说课就是以教育教学工作中遇到的重点、难点问题或热点问题为主题来进行说课；示范性说课一般选择素质好的优秀教师为代表向听课教师示范性说课，然后让说课教师将上课的内容付诸课堂教学，最后组织教师或教研人员对该教师的说课及课堂教学做出客观公正的评析。

说课一般由三个步骤组成：①说课教师通过语言表述，呈现其对具体课题的教学设计，并呈现教学设计的依据；②参加说课活动的其他教师进行评议和讨论，提出修改和指导性意见；③说课教师进一步改进和完善教学设计。

2. 说课的特点

（1）激励性。说课是为了教学工作的需要，通过说课可以完善教师的教学设计，同时激励教师的工作积极性——教学积极性和教学科研的积极性。另外，说课也为青年教师提供了展示自己才华的更大舞台。

（2）灵活性。和教案相比，说课直观形象、形式活泼；和观摩课相比，说课形式灵活、简便易行，不受时间、地点、人员、教学进度和教材的限制。因此，不管是大到省、市、区，还是小到学校教研组，甚至几个人都可以说课，不论何时何地都能进行。

（3）预见性。说课要求教师不仅要讲出怎样教，还要说出学生怎样学。所以，说课要对所教学生的知识技能、智力水平、学习态度、思想状况和心理特征等方面的差异进行分析，估计各层次的学生对教师的教有什么不同的反应，估计学生对新知识的学习会有什么困难，说出根据不同情况采取相应的措施和解决的办法。说课者还要说出自己设计的关键性提问，估计学生如何解答、教师怎样处理。对教学过程中可能发生的问题也要有所预见，并想出相应的对策和几种不同的设想，以便在课堂教学中因势利导，随机应变。

（4）理论性。说课的理论因素很浓，能充分体现教师的教学思想。上课是时间性的表演，说课是理论性的分析，教师没有一定的理论水平是说不好课的。

3.说课的意义

（1）有利于促进课堂效率的提高。说课面对的是水平相对较高的教师、专家和教研员，这就促使教师在备课时必须认真对待。说课后要接受听课的教师、专家和教研员的集体评议，这种评议可以帮助说课教师发现备课中存在的问题，进一步明确教学的重点、难点，理清教学思路，并及时对课题的设计做进一步改进，从而有效提高课堂教学的效率。

（2）有利于促进教师教学水平的提高。说课具备教育科研的特征，因而要求政治教师要具有较为系统的教育教学理论知识，熟练掌握本学科的课程性质、课程理念、设计思路、课程目标和课程内容等。否则，无论是说课还是评课都不会深入，难以达到预期的效果。

（3）有利于促进教师教学交流与合作。说课者要用清晰、准确的语言，有条理地述说课堂教学设计思路，而听课者除了听课以外，还要给说课者做出恰当的评价。这种有效的信息交流，促进了教师之间的互相切磋、互相学习等良好风气的形成，为教师提供了教育教学交流的平台。

（4）有利于对教师教学的检查与评价。领导可以通过教师说课，检查其备课情况，指出其存在的问题，促使其修改教学方案，进一步提高备课质量。通过说课，还可以评价教师的教育教学理论功底，文化知识、专业知识掌握程度，评价教师的业务能力，进而综合评价教师的教学水平。同时，说课得答辩，通过答辩能更真实、更准确地测试出教师的文化业务水平。

（二）说课的内容

无论是课前说课、课后说课、评比性说课、主题性说课，还是示范性说课，说课的基本内容都要包括说教材、说学情、说方法、说过程、说思想和说反思等。

1. 说教材

（1）说教材内容的地位与作用。说课者在说教材时，应尽量阐明自己对教材的理解和感悟，以此展示自己对教材的宏观把握能力和对教材的驾驭能力。说教材应力求做到既说得准确又具有特色，既要说出共性，也要说出个性。说课者在说教材时应剖析教材。在认真研读课程标准并分析教材编写思路及特点的基础上，按照课程标准对本年级学生学习方面的要求，简要阐明所选内容在本课题、单元、教材、年级乃至学段中的地位、作用和意义。

（2）说教材的重点和难点。说课者在说教材时，应剖析教材的重点和难点。一般来说，教学重点是教材知识结构中带有共性的知识和概括性、理论性强的知识。教学难点，是指那些比较抽象、离生活较远或过程比较复杂，使学生难以理解和掌握的知识。确定教学难点要依据教材知识体系和学生认识能力以及教学条件等，并要具体分析教学难点和教学重点之间的关系。即说课时教师应根据教材的编写思路和结构特点，充分考虑学生的认知水平和年龄特征，对所选内容或课题提出合理的课时安排，并阐述这样安排的依据。教师在说课时，必须有重点地说明突出教学重点、突破教学难点的基本策略，如从习题的选择、思维训练、教学方法和教学媒体的选用，反馈信息的处理和强化等方面去说明突出重点的步骤、方法和形式。

（3）说教学目标。说教学目标，就是说出确立这节课教学目标及制定目标的依据，即说课程标准与教学目标。说目标，应说清教学目标的分类设置以及对教学目标的深层考虑。高中"思想政治"的教学目标，一般从政治认同、科学精神、法治意识和公共参与四部分进行论述。

2. 说学情

学情是指学生的年龄特征、认知规律、学习方法以及已有知识和技能基础等的总和。它是教师组织教学活动的依据，是学生学习新知识的基础。教学总是在一定的起点上进行的。不同的学生学习起点不一样，学习个性、风格也不尽相同。说学情，就是要全面客观地阐述学生已有的学业情况和已经掌握的学习方法等，预先判断学生对学习新知识的关注和接受程度，为优化教学设计提供参考。

3. 说方法

教学方法是师生为达到一定教学目标而采取的相互关联的动作体系。它具有多样性、综合性、发展性、可补偿性等特点。教师在说课时要说明选择某种教学方法或综合运用几种教学方法的根据、作用、适用度等，阐明其价值性。因为教学过程是教与学的统一过程，这个过程必须是教法和学法同步的过程，因此，教师在说课时还要说明怎样教会学生学习的方法和规律。

4.说过程

说过程就是说出这节课的教学思路，通俗地讲，就是教学活动是如何发起的，又是怎样展开的，最终又是怎样结束的。如怎样教、分几步完成、每步怎样做、为什么这样做、理论依据是什么等。完整的教学过程包括怎样铺垫、如何导入、新课怎样进行、练习设计安排、如何小结、时间如何支配、如何通过多媒体辅助教学加大课堂的密度、强化认知效果，以及如何进行作业布置和板书设计等。在说教学的过程时，要突出精心设计的导言和结束语。设计导言要有科学性、艺术性、趣味性。结束语也要巧妙安排，可用简明的总结语，或精选典型的习题做结束，或为下节课埋下伏笔而设疑激趣。

二、高中思想政治课堂教学的上课

上课是由教师的教与学生的学所构成的特殊性的认知活动。这种认知活动以人类已有的知识为主要对象，力求在短时间内传授大量的人类文化科学遗产，同时，使个人认识达到当今社会发展的知识水平，促进学生的德、智、体、美、劳全面发展。

（一）上课的特点

上课是教师与学生相结合并通过课堂运行程序来完成教学目标和任务的教学活动方式。上课要有固定的学生人数，有固定的上课教师，有统一的教学内容、教学安排和固定的时间与进度，教学场所相对稳定。

上课的主要特点是"班、课、时"的统一。"班"就是以"班"为活动单位，"课"就是以"课"为内容单位，"时"就是以"时"为时间单位。这种"班、课、时"的统一，本质上是一种以活动过程为基础的人员、内容和时间的统一，从而形成一种教学主体的交往互动、教学内容的分段递进、教学时间的间断连续相统一的教学活动方式。其中，"班"是基础，"课"是核心，"时"是保证。这种"班、课、时"相统一的特点，又反映出上课的教学组织性、程序性和制度性。也就是说，它是一种有组织、有领导的活动，是一种有严格工作程序的活动，又是一种有各种规章制度来规范和管理的活动。

（二）上课的作用

上课或课堂教学是学校教育教学活动中的核心与重要环节，对于学生知识的接受、能力的发展、情感的深化，以及个体的身心发展都具有重要意义；同时，对于学校教育教学目标的实现也具有重要作用。

第一，上课能有效地实现新课程的教学目标。教师在上课的教学活动中，能够系统地向学生传授基础知识、基本技能和情感态度价值观，开发学生的智力因素与非智力因素，培养学生的能力，使学生养成良好的品质，从而实现课程的教学目标。

第二，上课能够促进学生的全面发展。在课堂教学的过程中，教师通过引导学生掌握知识的同时，全面发展学生的智力和体力，培养学生独立学习的能力，培养学生的学习兴趣和良好的学习习惯及创造性的活动能力。在学习知识的过程中，学生会逐渐树立正确的世界观，养成良好的道德品质。

第三，上课有利于促进学生的个性发展。在课堂教学中，教师采用适用学生学龄特征的教学方法，在促进学生全面发展的同时，又能促进学生个性才能的特殊发展，使学生在课堂教学中成为学习的主人和发展的主体。

第四，上课能有效地提高教学和学习质量。上课的过程由于对教师的严格要求、严格管理和考核，能保证教师在教学中对教学工作认真负责；上课的过程具有相对稳定的教学活动空间，能保证教学有稳定适宜的教学环境，并有利于教学手段现代化的推广，提高教育管理的实效；众多的教师和学生在一起学习和生活，有利于开展比、学、赶、帮、超活动，学生可以获得多方面的知识，提高自己的学习效率。

（三）上课的要求

1. 做好课前准备

课前准备既包括物质准备，也包括精神准备。物质准备方面，在上课前要带上所需要的课程标准和教材、教案、教参、教具、课件等。例如，教师对教具、学具（媒体）及有关材料等方面的准备，如选择使用的挂图、幻灯片、录音带、录像带、新闻图片、计算机、网络等教学媒体。如果课堂上有播放视频或音频的文件，则在上课前一定要在上课班级的电脑上播放一下，以防课堂上播放不出来。精神方面是指教师在上课前要有充足的信心和决心能够上好课。

2. 认真组织课堂教学

组织教学的方法很多，常用的方法有教学常规法、教育引导法、教学机智法等，组织教学的根本条件是要有良好的师生关系。师生关系越好，课堂教学秩序就越好，因此，其前提是要处理好课堂教学中的师生关系。

3. 上课需要体现科学性

上课的科学性体现在教学内容的科学性和教学方法的科学性。教学内容的科学性就是教授和学习的内容要真实、准确、系统。教学方法的科学性，就是教学方法要突出重点，不要空洞，要灵活多样，不要死板。教学开始的导入法有温故知新法、事例故事法、情境创设法、制造悬念法、开门见山法等。在教学过程中，教师要善于提问，启发诱导。同时，教学的语言要科学，生动有趣。课程结束时要有归纳，或首尾呼应，或思索悬念，等等。

第四节　高中思想政治课堂教学语言与教态变化

一、高中思想政治学科课堂教学语言

"高中思想政治课程作为素质教育的一个重要组成部分，思想政治教师不但承担着传道授业的任务，还在培养学生人格品德方面担负着重要的任务。"[①]这就要求教师在一切教育教学过程中，特别是在课堂上，讲究教学语言艺术，要用最优美、最完善、最巧妙的语言去启迪、影响、感染学生的心灵世界，开阔学生的视野。

（一）课堂教学语言及其功能

教学语言是在教育教学实践过程中，逐步形成的符合教育教学的需要，适合教育对象心理特征、遵循语言规律的职业语言。课堂教学的语言艺术就是教师在传递信息时，以语言符号为物质手段，组织沟通与学生的情感联系、信息联系，从而达到最佳教育教学效果的教学职业语言艺术。课堂教学语言具有以下基本功能：

第一，教育性功能。教师职业的特点决定了他的一言一行都在对学生施加教育功能。因此，教师必须注意自己语言艺术的教育作用，以优美完善的语言影响和教育学生积极向上。

第二，学科性、科学性功能。教学语言所传递的是某一个学科的教学信息。专业术语是一定学科范围内的共同语。运用学科术语进行教学，学科清楚，界限分明，界定准确，也易懂，有利于交流。否则，语言不严密，会出现逻辑性错误，混淆事物界限。科学的语言是使教学内容正确科学的重要保证。教师在教学中强调语言的科学性、逻辑性、艺术性，以保证教学内容正确科学。

第三，简明性功能。教学语言的简明性是由教育教学的特殊任务决定的。特定的环境和表达方式决定了教学语言的简明性，一节课时间有限，要把较多的知识传递给学生，语言表达必须简明扼要。在注意简明扼要的同时，特别要注意处理好化繁为简与科学性的关系，就是说考虑到中学生的年龄和知识基础，对科学性的要求不能太过苛刻。

第四，启发性功能。教学语言的启发性是指教师的语言对学生起到调动自觉性，启发

---

① 薛涛．浅议高中思想政治教学中的语言艺术［J］．教育教学论坛，2012（31）：212-213.

其积极思维的作用。启发性有三重意义：①启发学生对学习目的意义的认识，激发他们的学习兴趣、热情和求知欲；②启发学生联想、想象、分析、对比、归纳、演绎的能力；③启发学生的情感和审美情趣。启发学生积极思维的方法多种多样，如理论联系实际、生动的语言描述、正确运用直观教学手段等。

第五，规范性功能。思想政治学科教师的地位和责任，要求教师在各个方面都应成为学生的表率。因此，思想政治学科教师在教学中运用规范并标准的普通话传递信息，表达感情，教学语言简洁、明晰、符合语法、逻辑规则和文明礼貌要求，对学生具有规范性、潜移默化的教育作用和启发性，使学生体会到语言的优美、动听，富有情感性和表现力，从而学习普通话。在课堂教学中，一口准确流畅、娓娓动听的普通话，对学生来说是一种最好的教学语言示范。同时，语调要和谐、悦耳，语气要亲切、和蔼。它能创造一种良好的语境，使学生听后能产生愉悦感，受到规范的语言教育和熏陶，乐于接受教师的教诲，从而大大提高教学语言传授知识，开启心智，培养人格和思想政治觉悟的作用。

第六，形象性功能。形象性是教学语言艺术最基本的特征。由于课堂教学内容时时变换，教师利用语言工具传递给学生的信息也会时时更新。教师赋予枯燥的知识以和谐优美、娓娓动听、深入浅出教学语言的理性表现形式，使之浅显易懂、和谐生动，使原来没有生气的东西变得充满活力。

第七，情感性功能。情感是人们对某种事物态度的一种心理体验，虽是无形的，但它却是人类的共性。思想政治学科教师的教学，传递的是马克思主义的思想政治道德情感。这种情感主要通过教师马克思主义激情性的教学语言传递给学生。再由于教学活动是师生的双向或多向交流活动，是一种互动、互感的过程，只有创造出和谐的情感氛围，实施的双边活动才能得以顺利进行。这就决定了教学语言必须包含着丰富的感情。

第八，创造性功能。艺术贵在创造，思想政治学科教学语言艺术同其他艺术一样，没有一定的模式，而具有一定的创造性。教材语言转化为教案语言，需要教师的加工整理，删繁就简；板书语言的设计，需要教师开动脑筋，创造美感；口头语言的规范、流畅、生动、幽默、情趣，需要教师下一番功夫，进行课堂教学口头语言创造。所有这些，都体现着教师课堂语言的创造性功能。

第九，效果性功能。思想政治学科课堂教学语言的表达影响教学效果，具有效果性功能。教学语言表达是教师全部教学素养的综合体现。它影响和制约着教师教学的效果。一般来说，教学语言清晰流畅，教师语言表达的内在逻辑性严谨、周密、有条理，能增强教学语言的说服力和论证性，对教学效果影响很大。教师的讲解水平、教学语言艺术与学生的学习兴趣和成绩成正比。

（二）课堂教学语言的构成要素

"思想政治理论课教师的教学语言在传播教学内容，引导学生思想，激发学生情感，激励、转化学生行为等方面都具有重要作用。思想政治理论课教师的教学语言只有形式规范，内容准、真、美，才能更好地发挥其作用。"[①]

1. 语音

语音，即说话时发出的声音，由音高、音强、音长、音色等构成语音的四要素构成，是语言的基本构成单位，是信息的载体和符号。在教学中对语音的基本要求就是发音准确、规范，即吐字清晰，用普通话。吐字是发音的重要一环，只有通过吐字才能传情达意。要想使吐字准确、清晰、圆润、流畅，就必须努力锻炼自己的发音器官唇、齿、舌，使其发音准确。

2. 语调

语调是指讲话时声调的升降及抑扬顿挫的变化等，它是增强语言生动性、体现语音情感的主要因素。语调的运用一定要从所表达的内容出发，自然合度，才能起到应有的作用。语调的抑扬顿挫和声调的升降起伏有着重要的作用。在教学中，讲解重点、难点和问题的承转处，在叙述概念、定义、公式、定理处，说话要慢些，语调要高些，以引起学生的注意，并有思考记录的时间。同时要注意声调高低对关键词的强调作用。语调是表达情感的主要工具。语调的情感是语言的抑扬顿挫产生的，是教师对教学内容体验的自然流露。

3. 节奏

节奏是教学成功的要素，主要包括以下三种：

（1）语言节奏。语言节奏是指语调高低快慢的变化，如讲到重要的地方提高声调，减慢速度；讲到快乐的地方自然流露微笑；讲到愤怒的地方显示激昂的情绪；讲到悲伤处声调放得低沉。这种声调高低，速度快慢交替，伴随着情绪起伏，就形成了节奏，它直接激发着学生的情绪和接收信息的效率。

（2）内容节奏。内容节奏是指讲究内容的布局。开头要醒目，一下子就把人带入了学习环境，引起兴趣和注意；中间论述要有起伏变化，使学生的有意注意和无意注意交换进行。结尾要有余味，激起学生继续学习新知识的渴望。

（3）时间节奏。时间节奏是指讲授内容的时间分配上要合理，搭配匀称，有节奏感。不要前紧后松，也不要前松后紧。每个教学内容使用的时间长短分配要合理。

4. 语速

语速是指讲课语流的快慢，它直接影响着教学效果的好坏。教学语速比生活语速、电

① 杨国英，赵坤华.思想政治理论课教师的教学语言［J］.承德石油高等专科学校学报，2016，18（06）：68-72.

影、电视解说语速要慢。语速过快会造成信息的遗漏、积压，学生大脑反应不过来；语速过慢，则跟不上学生大脑的处理速度，会造成时间浪费，导致学生精力分散。

5. 响度

响度是指声音的大小、高低、强弱，实际就是指强度、长度、高度的总和。响度合理是理想教学语言的重要条件，是影响教学效果的重要条件之一。合理的响度应该使每个位置上的学生都能不费力地听清楚并且耳感舒适。若响度不合理，则会妨碍教学信息的传递，影响学生学习的效率。

6. 词汇

词汇是构成语言系统的最基本单位，没有词汇就没有语言。因此，修辞是使语言表达准确、鲜明、生动的手段。在课堂语言中，对用词的要求是规范、准确、生动。

7. 语法

语法是指遣词造句的规则。按这一规则讲课，不仅能使学生听得明白，还易于理解掌握。课堂教学与一般演讲不同，不仅要让学生听明白，还必须使学生理解、掌握，即不仅要知其然，还要知其所以然。因此，教师在教学语言中一定要注意遣词造句的逻辑性、准确性。

（三）课堂教学语言的原则

1. 一般课堂教学

（1）逻辑性原则。这是要求准确地使用概念，恰当地进行判断，严密地进行推理，做到层次分明、句句扣题、简洁明快，使学生听起来脉络清楚、泾渭分明，能启发学生的思维，此外要求教师要遵循逻辑要求，不能违背逻辑上的种种规律，如同一律、排中律、矛盾律、充足理由律等，论证要周密，要立论有据而无懈可击。但口头语言表达必须简短明快，语气的舒缓急促，语调的轻重缓急，都应以教材本身的逻辑性为限度，依靠语言的逻辑力量，要做到讲授深浅适度。科学知识是正确反映客观事物的内在联系的，它本身有严密的逻辑性。教师的语言、思想和思维的顺序必须与学生水平相适应，讲授内容从感性具体到抽象，再回到理性具体。同时还要注意教材前后内容的逻辑性，给学生提供必要的背景知识，以便于学生理解。

（2）透辟性原则。这是要求教师在讲授时，理论知识阐述得透彻、尖锐，引导得清楚。因此，教师必须提高自己驾驭教材的能力，对整个章节都要有明确的分析，分清主次，把握重点、难点、关键点，把时间主要用在关键问题上，做到一通百通。在讲授时只突出几个论点，围绕论点讲清楚，并运用图解、实例、图表等教学媒体来帮助说明，最后再回到论点上来，重申论点，使学生加深理解并牢固地掌握。

（3）启发性原则。在全面推进素质教育的过程中，要注重对学生思维的开发。学生获取知识的过程应该是教师引导的过程，而不是"给"的过程。这就要求教师的教学语言具有启发性，要含蓄隽永、发人深思、耐人寻味，同时，还要掌握好启发的时机，要充分激发学生学习的动力，培养学生的认识兴趣和思维能力。启发性语言一般在课程的起、承、转、合处或激疑、析疑，激趣、鼓励学生提问题处使用，用设问、反问、比喻、比拟、排比、递进等修辞手法，致力于点拨、点染、引导、引发。在实际中，启发性是教学语言的基本技能，应贯穿于讲授课程的始终。

（4）思想性原则。社会主义课堂的教学语言，必须体现马克思主义的思想观点和方法，体现无产阶级的思想政治方向，反映共产主义的先进思想和高尚道德情操，要以积极的、健康的语言去启迪学生的心灵，陶冶学生的情操，使他们树立起远大的理想，刻苦学习，积极向上，成为具有时代精神的新人。

（5）激励性原则。所谓激励性原则，是教师在教学活动中，要有意识地、自觉地运用自己的语言态度（心态和体态）和教学技巧，创造一种和谐、民主、喜悦的氛围。在课堂教学中，教师对激励性语言的使用绝不能吝啬，要不时地给予学生积极的表扬和鼓励。

（6）通俗性原则。通俗指普通的、浅显易懂的，易于被大家所理解和接受。通俗性就是以浅显明白的语言形式表达深刻和专业化的学科内容。思想政治教师教学所用的语言必须通俗易懂，口语化，学生方能听懂、易于理解，学生才喜欢这门课程。

（7）形象性原则。形象性是课堂教学语言艺术的最基本特征。生动、形象、有趣的课堂教学语言能使学生得到丰富的想象与美感，并真正理解教学内容，能激发起学生对思想政治学科的学习兴趣，既激发学生的思维，也活跃课堂的气氛。

（8）趣味性原则。思想政治学科课堂教学语言的趣味性是指教师在课堂教学中要使用风趣机敏、情趣幽默的语言，能像磁石一样吸引学生的注意力，唤起学生浓厚的学习兴趣。运用趣味性原则，是引起学生兴趣，加深印象，巩固记忆，减少疲劳，从而正确地掌握知识和发展学生智力。

（9）情感性原则。情感是指教师运用一定的教学手段，通过激发、调动和满足学生的情感需要，促进教学活动积极化的过程。情感作为人类生存的必要条件，学生精神生活的主宰，是学生学好各种知识的催化剂，不容忽视。教师在课堂教学中应合理调节和充分利用情感，努力调动学生的非智力因素，提高课堂教学效率。特别是思想政治学科教师的课堂教学语言必须富有激情，使自己的教学语言能激发学生的思维热情。教师在教学过程中动之以情，以情动人，以情促知启智，通过这种带有感情色彩的语言来感染学生，激起他们学习思想政治的积极热情。

2. 突出重点课堂教学

突出重点的教学语言的总体要求是坚定有力、清晰准确、讲究逻辑、反复重申。具体地说，就是讲重点时语速要缓，一字一顿，语调抑扬顿挫且浓重、稳健、清晰、流畅，使学生能清楚明白地接收到教学信息，能清楚地记忆。

3. 归纳总结课堂教学

总结归纳一般在两种情况下进行：①在某个概念、原理讲完之后，返回来再归纳总结，使学生得到一个清晰的结论。这种情况下，教师多以讲解、直观图表演示为主。②在全课结束时归纳总结，使学生掌握全课的脉络、主要内容和概念，然后再根据学生掌握的情况组织练习。无论哪种情况下的归纳总结，都要求教师语言必须具有凝练性、平实性、延伸性。

二、高中思想政治学科课堂教学教态变化

在课堂教学中，教师的教态即体态语，是师生交流情感、沟通知识信息的另一种重要语言。教师的体态语伴随着教学全过程，成为一种感性的潜移默化的强大力量，从知识、能力、情感态度价值观三个方面来塑造学生，在交流情感、反馈信息中起到不可低估的作用。因此，思想政治教师必须掌握并恰当运用教态变化艺术，以增强教学效果。

（一）教态变化及其功能

教态是教师在课堂教学中呈现出的表情、眼神、手势和身体姿态等，属于非语言行为，通常也称为"无声语言"或"体态语言"。优美和谐的教态不仅给学生以美的享受，也是教师个人气质和修养的自然流露，更重要的是它能辅助语言传授、融洽师生关系、调控课堂秩序，是科学完成教学任务的重要手段。教师教态要亲切自然，态度端庄大方、热情活泼，衣着美观得体，既能让学生感受到课堂美的愉悦，又为教学活动创造了美的氛围。教态变化包括仪容、风度、神情、目光、姿势和举手投足等。教态是无声的语言，它能对有声语言起到恰到好处的补充、配合、修饰作用，教师通过表情可以让语言的表达更准确、丰富，更容易加深学生对知识点的理解、记忆。教态变化在教学中具有以下功能：

第一，激励沟通性功能。教态语可以激活学生的学习情绪，沟通师生情感，促进学生非智力因素的发展。学生智力潜能的开发与发挥，受其学习过程中情绪状态的影响。积极适宜的教态变化会对学生产生积极的暗示性和感染力，引起其积极情绪，激发和促进其智力活动，并为学生的学习创设良好的情境，从而调动学生学习的积极性。

第二，启发性功能。教师教态变化的特征是模拟性和象征性。它能引起学生对事物的

丰富联想。特别是一些用语言很难讲清的动作感情，既能通过教态变换，即非语言行为较好地表现出来，又能起到启发学生积极思维、促进理解的作用。

第三，吸引性功能。教态变化能吸引和唤起学生的注意力。教学过程是学生有意注意和无意注意交替运用、共同发挥作用的认知过程。教师巧妙地运用教态语交流，以静制动，能悄悄地把学生的注意力吸引过来。在教学中，教师富有情感的表情变化，语调抑扬顿挫，节奏变换，配以指引性、加强性手势，自觉地变换位置、身体朝向、视线及与学生的空间距离，都会使学生的注意力在教态语的牵引下，在学习知识的海洋上顺利地航行。

第四，强化性功能。教态变化的强化作用主要体现在它能把学生的视、听有机结合起来，用视、听两个方面的刺激对学生感官产生较大的强化作用。它增大了学生接收教师所教的信息量。

第五，替代性功能。教态语在某些情况下可根据需要替代有声语言，加大了教学信息的密度，如在讲授新课时，教师常常要提问、评定学生回答的问题，既不中止讲课以免打乱教学思路，又想让被提问的学生坐下，就采用点头或手势示意的办法，以达到两全其美的目的；在组织教学过程中，对于朗读几遍、从哪一行开始等教学活动的开展，同样不必通过有声的语言指令，而可以运用手势等教态信号与学生达成无声的默契。

（二）教态变化的原则

根据课堂教学的基本规律及教态语的特点与性质，教师在课堂教学中要能正确运用体态语，发挥体态语的正功能，就必须遵循以下基本原则：

1. 准确性

教师在课堂教学中必须遵循准确性原则来运用教态语。这一原则有三方面要求：①表露情感要准确。②象征性动作要准确。如竖起大拇指表示赞扬、点点头表示对学生肯定或应允。这些象征性体态语言的意义都是固定的，是约定俗成的，是大家都可以理解、明白其含义的。③运用说明性教态语说明事物时要准确。恰当、贴切的教态语能使学生更容易接受教师所要传达的信息。

2. 师生共意

教师在课堂管理中运用的教态语必须是师生双方都能接受、领会、明白、掌握并合理运用的，必须符合本民族或本地区的文化传统和道德规范。教师当然可以形成自己的独特方式和风格，在不违背上述要求的范围内进行。

3. 最优搭配

教师的教态语，如果需要与语言行为一起运用时，则必须是最优选择、合理搭配；如果是同时运用多种非语言行为，则也要求进行最佳组合。贯彻这一原则需要教师有对各种语言表达和非语言行为方式的深入研究，有对各种非语言行为之间相互关系的详细了解，有对课堂管理具体问题情境的准确把握以及有关对策的富有艺术性的选择能力。

4. 目的性

教师的教态变化要有目的性，不能随意盲目地变化。变化的目的是使课堂生动活泼，能吸引学生的注意，创设良好的教学环境，引起学生的学习兴趣，促使学生努力学习。

5. 和谐性

体态语只有和谐、协调，才能给人以美的享受，也才能发挥其最佳效果。为此，教师在选用体态语时，应当注意与特定的课堂气氛、具体的教学情境、不同的教学对象相协调。此外，教师在同时运用多种体态语时，必须要选用最佳组合，注意和谐一致。

第三章　高中思想政治教学的创新方法与方式

教学要与不断变化的社会实践相联系，思想政治教学是与世界、社会的变化紧密连接的学科，这就要求思想政治教学要与时俱进，创新方法与方式。本章从案例教学法、主题探究式教学、微课教学、思维导图四个方面，探究高中思想政治教学的创新方法与方式。

第一节　案例教学法在高中思想政治教学中的应用

提高思想理论课程教育教学的整体水平，对思想政治学科的性质、特点和存在的问题的发展是有相当重要的意义的。然而，教学法的好坏对是否能推动一门学科理论课程发展是一项基础性的教学问题，这是因为教学法的选取问题是各个学科，特别是思想政治教育教学的根本问题。在新课程改革的大旗下，由于教学内容的丰富，也就要求教学法也必须丰富多彩，那么应运而生的案例教学法在思想政治教学中的运用也得到了关注与推广。

案例教学法就是将案例引到教学过程中，让学生在阅读中总结提升，最后得到相应的结论。"案例教学法作为一种教学方法，为教学提供了真实场景，缩短了教学与实践的距离，取得了良好的教学效果，在高中思想政治课中发挥了极大作用，占据着重要地位。"[1]

一、案例教学法的优势

随着素质教育的深入实施，案例教学法被越来越多的思想政治教师所接受，并列入了各大学校的教学改革计划中。目前，在基础教育领域也进行了初步的尝试，从整体上来看，我国的案例教学正在一步步地趋近于完善。随着新课程改革的进一步深入，为了适应新课改的要求，作为一门新颖的教学方式，案例教学法逐步受到重视并被推广应用于大部分学科中，尤其是在思想政治教学活动中的运用。案例教学法"能够将思想政治课的理论性基础知识和实践性综合能力有机整合，培养学生在可视化的课堂教学情境中积极思考问题意识，提高实践能力，增强情感体验"。[2]

① 聂新潞. 高中思想政治课案例教学法教学的反思 [J]. 教育现代化，2017，4（40）：279-281.
② 王华. 基于案例教学理念的高中思想政治课实践研究 [J]. 现代交际，2018（11）：188+187.

教师在教学过程中应该运用多种多样的教学方法，在教学过程中应把教师倡导的目标—策略—评价的过程与学生习惯的活动—体验—表现的过程结合起来，引导学生在案例分析过程中表述观点，在案例冲突中辨别观点，在比较鉴别中确认观点，在探究活动中总结观点，进而有效地提高学生理解、认同、确信正确价值标准的能力。案例教学法的关键在于案例的选取和运用的过程，案例教学法在高中思想政治教学中的运用与新课改中所提及的要求不谋而合。

　　第一，案例教学法在高中思想政治教育教学中具有高度的实践性。在高中思想政治教学过程中，案例教学法中的案例选取都来自于真实发生的社会事件，学生需要身临其境地去体会和感悟。学生在学校课堂中接触到丰富的社会现实问题，并且运用所掌握的知识展开讨论和总结，寻求解决实际问题的方案，大大地提高了学生的理论与实践相结合的能力要求。

　　第二，案例教学法在高中思想政治教学中具有一定的启发性。在教学过程中选取的案例既有实际情况的描述，又包含着戏剧性问题。案例教学法首先是对学生的引导，分析材料中隐藏的背景和其中存在的矛盾冲突，而后做出分析、归纳和总结，从分析中得到具有自身特色的解决方案。

　　第三，案例教学法在高中思想政治教学中具有针对性。在课堂教学中运用案例不单纯是寻找具有学生本身特点思维的教学过程，而这种教学法同时侧重于得出结论的探究过程，这正是新时期我国新课改的教学目标实现的探究过程和教学理念。

　　第四，案例教学法在高中思想政治教学中具有双向性。案例教学法在教学过程中要求学生成为真正的案例研讨的主体。在讨论和探究的过程中，教师只是学习上的伙伴或者是学习的帮助者，案例教学法可以使学生在课堂教学过程中自觉地进入到一种相对独立的自我分析归纳状态。真正做到由原来教师的一味灌输转化到师生互动的教学方法上。案例教学法置于高中思想政治教学过程中，是对现在我国新课改和素质教育的一种有效教学手段。

二、案例教学法在高中思想政治教学中的必要性

（一）利于拓展提升师生能力

　　教学相长是教育学中现代师生关系的特点之一，在案例教学法中，教师不仅仅是高高在上的教师，而是学生的"学生"。教师在课堂教学过程中得到来自不同思维学生的启发和受益。学生在获取新知识的同时也反过来督促教师进一步思考，二者在教学过程

中是一种互相启发、互相提高的师生关系。师生在课堂教学中共同展现着自身的不足与特长，在充分发挥自身潜能中共同生长、共同进步，这就是在教学过程中师生能力共同拓展提升的过程。

教师要尽量按照课程改革的需要，在不断的学习中更新教学观念，利用丰富的学科内外知识提升自身文化素养；做到时时关注社会热点问题，认真并悉心研究教材，在与学生平等的合作互动教学中，做好学生的学习伙伴和帮助者，进一步实现教学相长。在新课程的推广中，教师的专业发展随之实现，它强调教师应加强自身的学习，成为拥有创新思维意识、具有理论和实践有机结合的学习型教师。

对于思想政治课教师来说，将案例教学法置于高中思想政治课堂中，是对教师自身能力的一种极大挑战。一方面，在案例的选取方面，案例教学法能够在已有的学科知识和教育理论的基础上，与当今热点问题和相关专业知识充分结合，而后进行科学合理的教学安排；另一方面，在案例的呈现阶段，教师要用其他学科知识来呈现案例展示，以教师丰富的知识储备和丰富的教育教学经验来激发学生的求知欲望。同时，案例教学法和思想政治学科的自身特点要求教师在运用的时候必须充分掌握大量本学科以及其他学科的知识为我所用，这就反映了案例教学法能间接地促使思想政治课教师不断提升知识面，深化自身综合能力，不断完善自身知识结构，实现教学相长的长效发展。

与此同时，在案例的呈现过程中，学生将积极地对案例进行提取和归纳，并自主找出符合自身特点的记忆方法。在此过程中，学生和教师的关系是平等的，教师在此过程中要做到和学生一起分析，而遇到学生提问时，教师应做好引导的角色。这样在整个教学中，无论是老师还是学生，都做到了以案例为师、以教材为师、以师生为师的新型课堂。

总之，案例教学法的尝试使学生和教师双方面都受益匪浅，对教师的教学方法进行了前所未有的突破，使学生在学习的过程中身临其境地感受到思想政治课所拥有的魅力。案例教学法中的案例是基于身边、社会、国家以及国际的热点事情，从案例的选取到呈现再到最后教学目标的达成，学生和教师利用案例教学法很好地完成了综合能力的拓展提升。

（二）利于优化和谐师生关系

师生关系是指在实施教学任务的过程中形成的一种特殊的，决定着彼此所处地位、作用和互动态度的社会关系和人际关系。在思想政治课中，良好的师生关系是完成现代化教学的前提条件，同时也是衡量学生学习的接受状态和教师的教授状态的重要标准。如果师生关系紧张、互相不信任，甚至敌对，势必影响学生的学习兴趣以及教师的工作热情。教师善于与学生建立良好的人际关系，必定能带动学生的学习热情，有时还能激发出一些感悟和创新的理解。可见，和谐的师生关系对教学目标的完成具有至关重要的作用。

建立和谐的师生关系的途径有很多，但是学生在学校的学习和生活中的大部分时间都用在课堂教育上，所以，有效的课堂教学活动是建立和谐师生关系的首要途径。利用案例进行教学是一种师生共同参与的、有助于学生理解与掌握新知识的开放式教学方法。无论是学生还是教师，课堂是他们相互深入了解的开始，那么案例教学法在课堂中的运用则是有效的了解方法之一。在促进和谐师生关系这一层面上，案例教学法及其案例的专属特征成为了有效的催化剂。在整个案例呈现过程中，学生和教师的关系不再是教与学，取而代之的是一种双向甚至是多向的和谐师生关系。在启发、讨论和开放式教学的过程中，学生得到了教师的指导；同时，在对案例的分析过程中，学生也看到了教师对其工作的用心程度。

构建和谐的师生关系关键在于教师的主导作用，教师要与学生有共同语言，这样才能了解学生，从而促使师生关系的和谐发展。所以，教师可以投其所好地选取一些与学生的生活有很多交叉点的事件作为案例使用。案例教学法在看似枯燥的思想政治课堂中的运用能够带给思想政治学科无限的活力，能够有效地促进和谐师生关系的建立。

（三）利于促进理论与现实的联系

在高中思想政治教学中，理论与实践相结合是其一项基本原则，是思想政治学科的生命线。而在思想政治课中理论和实际相结合的原理可以借助案例教学法来实现。要做到理论与实践相结合，就要求教师掌握理论基础知识的前提下，通过理论分析实际问题，最后从实践中归纳回归到理论层面上去，让学生从感性认识上升到理性认识，达到材料和观点的辩证统一。在思想政治学科的课堂教学中，将生活中的现实案例引入有助于该学科富有社会色彩。

将案例教学法置于思想政治课教学的全过程中体现了对加强学生理论和实际生活的联系的高度重视，这既是高中思想政治课的大趋势，又是现代教学目标的大方针。高中思想政治课教师只有不断探究并不断运用新颖的教育教学法才能有效地提升学生理论联系实际的能力，才能达到在教学中学生接受效果最佳化，而案例教学法恰好可以达到这种教学期望。对实际情况的掌握是理论联系实际的前提和基础，这就要求教师在利用案例教学法对实际案例进行选取的时候要做到心中有数。案例教学法的特点之一就是对案例的选取具有一定的灵活性。换句话说，案例可以由近期社会现实问题来呈现，加之在教学中运用的有的放矢，增强教学的实效性与现实性。理论的价值在实践中孕育，理论的生命在实践中彰显。案例教学法在高中政治课堂教学中的运用对理论和生活实际问题的结合具有不可忽视的意义。

三、案例教学法在高中思想政治教学中的实施策略

（一）准备阶段

只有做好前期的准备，包括案例的选取、对案例问题的设置、对学生的基本情况的掌握，了解学生的兴趣爱好，投其所好才能达到最好的预期效果。而学生也要做好课前的预习，在相关资料查阅的过程中，学生对此存在求知的欲望；同时，处于这个阶段的学生自身具有的表现欲望可以在课堂中得到肯定。所以，课前准备对学生和教师都是必要的。

1.教师的准备工作

案例教学法的特点就是案例的灵活性和真实性，所以，教师对案例的选取一定要做到选择恰当。教师选择案例的目的是以事明理，以理析事。选取案例也是有一定原则的，案例必须是以教学目标为前提，构建在一定理论基础之上衍生出来的社会现实问题，那么结合的突破口就是所有事物的普遍性，即二者内在应具有一定的联系，所反映出来的现象有一定的共性。精心选择符合教材的案例是更好地实施案例教学的前提和基础，同时，也要求教师系统地掌握教学目的和教学内容。课堂实施效果的好坏也是由它决定的，那么教师在课前的选取和准备就显得尤为重要了。在选取案例后，教师还应准备出对案例和理论有共性和针对性的分析题，并同时预想课堂的呈现效果、讨论的分组情况、课堂气氛活跃程度、学生参与热情的调动等。在课堂教学过程中给出一定范围的参考文献供学生查阅，这样就能在课堂呈现阶段有较强的针对性，并能很好地完成教学目标。

2.学生的准备工作

任何一种教学的完美完成都少不了学生和教师的配合。学生课前准备的程度直接影响到课堂教学的效果。从一定意义上来讲，学生要想真正做到对课堂节奏和案例的分析和提取同步进行，充足的课前准备是必不可少的。所以，学生在实施案例讨论前的准备工作也是必要的。这时教师应引导学生阅读案例并查阅相关文献，同时拟订出个人的意见提纲。这样不但锻炼了学生的独立思考、发现问题和分析问题的能力，同时，由于教师在课前安排这些准备工作，所以，也同时用身教告诉学生应养成自主学习的良好习惯。利用案例教学法的前期准备阶段，在查阅资料的同时，可以培养学生广泛地接触生活的各个方面，真正地从学习中了解社会、认识生活。

（二）讨论阶段

课堂教学是教师教学的中心环节。它包括教师的准备课程的呈现和学生知识的接受过

程。作为整个教学过程的中心环节，课堂教学是教师基于教材，针对学生不平均的理论能力而选取相应教学策略因材施教的过程。而教学策略的选取可以直接影响课堂教学质量。

1. 教师的案例呈现

教师在教学过程中的课堂呈现环节是至关重要的环节，何时呈现案例可以由案例的长短难易程度来选取呈现的时机。如果案例的难度很大而且篇幅较长，那么就在课前呈现，这样可以让学生对案例的熟悉程度加深，反之则亦然。教师可以利用多种形式呈现案例，比方说将文字打印成小卡片的形式、利用多媒体教学等方式呈现。

在案例展示之后到自主讨论之前，教师应先进行引导，针对案例的具体内容给予一些简单的引导问题，以便学生在自主归纳阶段有大的研究方向可循，同时，也可以调动学生的课堂气氛。案例教学的中心环节，就是学生在教师引导下，运用刚学的理论知识针对课前准备时产生的疑问，再次展开讨论与进一步的分析。随着课堂讨论的深入进行，要逐渐摆脱引导性问题，让学生自觉产生问题并自主深入探究和学习。在案例引导后，教师应该给予学生的是自由讨论空间，并进行巡视加以检查督促以及区别指导，从而调动积极的讨论气氛，而不是统一模式塑造。具体的讨论时间应依照教师选取的案例长短、难易、课堂的时间等多重因素来决定。

2. 学生的案例接受

在教师为学生描绘出一个生动形象的教学情境以后，学生的注意力得到了集中，从而使学生对知识产生了强烈的求知欲和高涨的学习热情。学生设身处地地开始分析案例材料。学生在此阶段应该做到，明确教学目的，通读教材，明确本节课中有哪些理论，并且要在自己的脑海里有一定的印象。如果案例是课前呈现的就在课前准备阶段做好阅读，但在大多数的情况下，案例的呈现是在开始课堂教学的时候，所以看到案例后要求学生快速地投入到阅读状态。

对案例的精读和提取的过程，是建立在学生对案例的熟知和教师问题的理解基础之上的。在精读后，提炼总结归纳出自己的提纲。最后是小组的讨论环节。在小组的讨论环节中，学生应做到自觉积极主动的发言，并从中检验自己观点的成熟性和准确性。要敢于表达与众不同的观点，要把学与听、看、问、思、练、记、说很好地结合在一起。在整个案例讨论过程中培养了学生的逻辑思维能力、口头表达能力和总结能力。在小组讨论总结前，由小组内民主选出的组长做出合理分工，并最后推选出小组代表发言。只有这样，案例教学法在思想政治课教学过程中才能发挥其独有的功能。

（三）总结反思阶段

在课堂教学的实施过程中，教师和学生处于一种平等的教学相长的关系。而讨论后，无论是教师还是学生，都要进行总结，这样才是完整的教学过程。归纳总结是学习提高和发展的有效途径。

1. 教师的总结和课后反思

教师的课堂理论总结并不是单一地回归于教与学的模式中去。在案例教学法的运用过程中，一方面，教师的总结和点评可以加深学生对理论的掌握，另一方面，教师的总结有利于帮助学生整理思路的同时带领学生形成完整的理论体系，还可以补充拓宽学生思维的视角，使学生思考问题多元化和全面化，使教师真正成为学生的学习伙伴。教师在总结不仅仅要对理论进行进一步的阐述，同时，还要针对各个小组讨论的结果进行针对性的点评。讨论问题答案不是统一的，无论是积极主动发言的还是默默无语的同学，都要给予鼓励性和肯定性的评价语言，同时，应在下次教学中注意调动这些相对来说不愿意发言的同学的情绪。而课后，教师则应针对整个教学过程进行反思和总结不足之处。从学生的讨论总结中获取信息，做到查缺补漏，让课堂教学一次比一次完美，真正做到教学相长。

2. 学生的总结和课后小结

学生的课堂讨论总结阶段是指学生在讨论过后，即时地将课堂讨论结果以口述的形式在课堂上展示出来。这样既能让教师了解讨论效果并对知识的掌握程度进行针对性的指导，也使得教师从中吸取经验，进而进一步完善课堂教学；同时，也能将学生的综合能力收纳到今后的课堂准备中。而对于学生来说从讨论到小组代表发言，无论是组长还是组员，都锻炼了一定的团队合作意识和合理的任务分配能力。完成自我总结后，在教师的引导下，学生应自觉进行课后小结。课后小结一般分为两种形式：①课下同学之间的再次叙述；②以书面的形式写出对案例的分析与理解。这种系统分析和整理的方法是文科学科学习中一种有效的梳理方法。在有效利用课余时间的同时，还能够和教师进行及时的沟通，并且可以得到教师有针对性的指导，这样学生将会不断自我认知和自我完善。

可以看出，无论是从学生的角度还是从教师的角度，案例教学法的运用都是适应时代潮流和新课改要求的。案例教学法体现了新时代的教学理念和教育趋势，是一种不可小视的教学方法。

第二节 主题探究式教学在高中思想政治教学中的应用

主题探究教学模式就是以主题为目标，根据主题开展探究活动，具体来讲，就是围绕预先设定的主题，让学生利用各种探究手段和探究活动，搜集与主题相关的各种课内与课外资源，理解主题，掌握知识，教师要在教学过程中促进学生的认知发生迁移，提高学生解决问题的能力，培养学生积极主动的探究精神。

主题探究教学模式是整合认知、情感和动作技能三类目标的有效教学方法，体现了非线性、动态性、综合性与和谐性。在这一流程中科学世界的人类知识、生活世界的个体知识通过课程与教学内化为学生个体知识，各部分之间是彼此联结、相互作用的。

一、主题探究教学的特征

（一）整体性

整体性是主题探究教学模式的内在本质属性。

第一，主题探究教学模式的整体性是由"主题"内涵的特征所决定的，它要求在教学活动中，教学的内容、策略、方法与模式都要以主题作为中轴来组织，或者说用主题来牵引教学过程中的主体、目标、内容、过程和评价。其实既定的主题内含着具体的教学目标，同时，也规定了要实现此目标可能采取的探究形式、方法与评价手段，进而也就规范了在某一主题内教师的教学行为和学生的学习行为。

第二，学生个体的整体性必然要求教学活动要走向整体。教育的根本目标在于人的自由全面发展，而非"单面"的生命体，人的整体性必然要求教学活动的整体性。

（二）互惠性

所谓互惠性是指在主题教学模式中，师生之间以及生生之间是一种相互依存、相互尊重、相互合作、相互关爱的和谐的共同发展的关系。教学过程本质上包含着一种"教与学"双方共同发展的过程，"教与学"既包含着教师的教学发展又包含着学生的学习发展这两个范畴。主题探究教学模式的目标之一是为了朝向对方的发展而发展自身。教学活动内部的教师的教与学生的学是一种对立统一的矛盾关系。在教学活动中，这两大系统既互为前提又相互促进，既互为发展条件，又互为发展对象；既互为包容，又互为对立。教学的发展内在根据在于教学双方的矛盾的对立统一。这一矛盾决定了教学双方要相互适应，这种适应既包括教师教的活动对学生学的过程的适应，也包括学生的学的过程对教师教的过程的适应，这种适应是一种教学双方的双适应。

教师的教与学生的学虽然活动方式不同，但两者的价值取向却一定是相同的，都是为了学生的不断发展。在这种共同的价值取向下，教学双方会建立起一种双赢互惠的关系。

（三）灵活性

所谓灵活性就是指主题探究教学模式中，教学设计、教学策略、教学方法等的运用要围绕主题灵活展开。这种灵活性就如同放风筝一样，主题是风筝，而教学就是风筝线，风筝飞行或高或低、或快或慢，就像每节课的主题不断变化一样，而教学过程与方法就需要随着主题的变化进行变化。

灵活性也表现在教师要在教学过程中适时地点拨，使学生的学习过程自然地过渡，保证学生完整学习过程的自然流畅，并且这种点拨就像画龙点睛之笔一样，使学生的情感态度价值观得到升华。

灵活性还表现在教师如何应对学生的生成学习，在探究学习过程中，学生会比传统教学模式产生更多的生成内容，这时就需要教师灵活地处理这些生成的学习内容。要分析个体学生的生成内容与全体学生学习的关系，如果能够反映大多数学生学习困惑的生成问题，教师一定要给予重视，并且尽快地、准确地给予解答，实在解答不了也要教师课下查阅资料、请教他人，尽快解答。如果学生生成的内容脱离了学习目标，甚至与学习目标有冲突时，教师要引导学生到学习目标的达成上。这种情况下，教师一定不能跟着学生走，因为学生的生成学习带有很大的偶然性、个性特征，有的也不能代表所有学生的学习利益。无论哪种生成内容，只要是学生真正思考、探究生成的内容，教师都要给予积极的评价，鼓励学生的个性发展。

（四）超越性

从人类学的角度看，人的本质在于不断的超越，人的价值的实现就是在自我实现的过程中不断地超越自我、建构自我、完善自我。教育作为专门培养人的活动，基本职能就是促进学生的不断完善、不断超越。而要想实现人的超越，教育本身就需要不断地被超越。主题探究教学模式因其自身对教学概念的新界定，内在的就具有超越性，这种超越性体现在教学内容方面是对教材的超越，教学活动是对学科世界与生活世界的超越，这种超越最终目标是实现自然、社会与学生个体的和谐。

超越性既是学生学习的超越，也是教师教学的不断超越，要指导好高中学生进行主题探究学习，从根本上讲要注重提升教师的学科专业素养。

二、高中思想政治课运用主题探究教学的必要性

（一）利于学生的终身学习能力的培养

教育应当是一个连续不断的过程，并不是简单的随着学校教育的结束而终结，应当贯穿个体生命的全过程。终身教育的理念是通过多种自我教育形式，向每个人提供在最高、最真实程度上完成自我发展的目标和工具。随着科技及现代社会的飞速发展，为人们带来巨大便利的同时，也给人类带来各种挑战。终身教育强调教育的目的就是要发展学生的个性，让学生掌握学习的方法，学会如何学习，培养学习的能力。

第一，主题探究教学模式有利于保护学生的好奇心，这对于培养学生的兴趣以及个性都十分重要。学生的求知欲可以通过探究得到满足，并且主题的限定能够保证学生学习的目的性，保证学习的效率。学生在独立探究解决问题后，能够获得巨大的满足感、兴奋感以及自信心，从而焕发出生命的活力，为今后学生在漫长的人生道路上更好地享受探究这一人生的乐趣，更敏锐地发现生活的美好，更充分地感受生命之美，更深刻地体味人生的真义和存在价值。

第二，主题探究教学法有利于培养学生实事求是的科学精神，科学本质是研究，而不是知识的本身，只有亲身的体验才能真正培养学生的科学态度和科学精神。与此同时，学生在探究的过程中，需要互相合作，协调一致地进行尝试，这些合作与交流的实践经验，可以帮助学生学会合作、交流、倾听，学会精确地与人交流。

第三，主题探究教学模式有利于培养学生的创新能力。学习从本质上说是学生的一项创新活动，人的学习必须既能继承传统又要能开拓创新，这样才能真正推动人类社会不断向前发展。素质教育的目的在于培养具有创新精神和实践能力的新型人才。学习的创新，不仅表现在学生对知识的获取和运用，更表现为一种积极发问、积极探索、积极创造的心理趋向，一种追求的变化，一种积极地发展自己健康向上的人格，一种内在的追求自由、全面的发展。教师在实施素质教育、课堂教学改革的过程中，应更加注重培养和提高学生的创新思维能力，作为教育的灵魂和核心，作为课堂教学改革的主导方向，培养学生敢想、敢闯、敢于创新的能力，使学生善于发现，灵活思维。

（二）利于提高高中思想政治课堂教学的有效性

主题探究教学模式不是简单地我教你学的传统模式，而是教与学双方在探究活动中进

行融洽的交流，这样能够最大限度地调动学生的积极性，教师要引着学生走，从而激发学生学习的兴趣。同时，主题探究教学模式的教学内容既来源于教材，又来源于教材以外的内容，能够给予教师充分的自主权运用多种教学方式，结合自己的教学理念，紧扣教学目标，进行"少而精"的教学，从而改变传统教学模式按照教材的章节顺序授课所带来的面面俱到、平铺直叙的沉闷感觉，克服教学内容多而课时少的矛盾。

主题探究教学模式既能联系当下的时政热点，又能与教材中的基础理论知识相结合，使得理论知识更加具有时代感，从而拉近理论与学生的距离，激发学生学习的兴趣和积极性。并且主题探究教学模式不仅能从理论上帮助学生弄清楚"是什么"和"为什么"，更重要的是引导学生思考在实践中"如何做"，引导学生用理论思维去解决实际问题，借助对社会现实的思考来达到思想政治教学的时效性、针对性。

主题探究教学模式要求选取的主题材料具有代表性、典型性。在教学目标的引导下，学生通过对主题材料的探究，层层深入，能够模拟现实情境，以提高学生的实际分析问题和解决问题的能力，在这一过程中，学生会随着问题的不断解决形成完整的知识链，从而从整体上把握、理解教材。主体材料的丰富有利于增长学生的见识，开阔学生的视野，深化学生对某一主题的深入认识。此外，主题探究教学模式的教学结构清晰，思路流畅，更有利于教师的教学把握。

主题探究教学模式倡导师生之间合作探究，在探究的过程中，师生之间交流的增加有利于双方理解的加深，既保证教师的主导作用，又体现学生的主体地位。主题探究教学模式注重学生的成长与教师的专业发展齐头并进，在主题探究教学过程中，师生间是一种平等相处、相互促进的良好的师生关系，而这种良性的师生关系有利于促进学生的有效学习，学生在这种和谐的师生关系中能够感受到教师的关注、鼓励和引领，有利于学生学习效率的提高。同时，师生之间的交往也不仅局限于课堂之内，有利于师生之间建立互教互爱的和谐人际关系。

三、高中思想政治课运用主题探究教学的实施条件

（一）支持教师的专业发展

教师是主题探究教学模式至关重要的因素，因此，主题探究教学模式要顺利开展，学校应对教师的专业发展给予充分的关注与支持，要创设有效的体制与机制，为教师接受培训和展开经验交流创造条件与机会。同时，还要投入资金，为教师购置教学必需的资料，添置必备的教学设施。此外，还要组织教师开发主题探究教学资源库，要引导教师充分用

好网络资源，为教学服务。

（二）支持学生的有效参与

主题探究式教学中，学生是学习的主体。学生能否有效参与，直接关系到主题探究式教学实施的成效。而学生是否积极参与，在很大程度上取决于他们对这种教学模式的认识与认同程度。因此，学校和教师应该创造机会，让学生了解主题探究式教学的理念、意义与操作流程。此外，教师应力促学生成为自主的学习者。在主题探究教学过程中，教师应减弱自己在教学中的主导地位，把思考与学习的主动权更多地向学生方面转移，不断激发与支持学生开展自主学习，帮助学生掌握自主学习的技能，促进他们成为具有自主学习能力的终身学习者。

（三）开发教学环境

多媒体可以为主题探究教学的实施提供多方面的支持，可以营造更为真实的学习环境，可以提供丰富的学习资源，为学生创造更多小组合作学习的机会，还可以为更可靠的教学评价以及更及时的教学反馈与反思提供便利。因此，学校应尽力引入多媒体手段为主题探究教学模式提供支持。

在高中思想政治课堂上，学生所探究的相当一部分问题是十分个性化、情景化的。对于同一问题，每个学生的兴趣点是不同的，每个学生的起点也是不一样的。不同学生的性格对主题探究式教学的效果也会有很大的影响，性格的不同，会导致学生对于分组讨论、辩论、表演等形式的探索有不同的表现。这些都不是简单的引导或是鼓励所能解决的差异。此外，学生成绩的好坏以及家庭环境的不同，都会影响学生在探究过程中的表现。教师可以利用QQ、微信、微博、电子邮件等平台作为备课、上课的工具，充分了解学生不愿公开表达的真正想法，预判所要探究的某些问题可能会给学生带来的负面问题。

总之，利用各种新技术，会使高中思想政治的主题探究式教学，更加顺利地朝着因材施教和更加充分关注个体发展的方向发展。

（四）营造宽松的、有利于创新的校园文化

如果要在学校中广泛推广主题探究教学模式，必须重建学校文化，形成一个更多人能够接受的、积极的、以学生为中心的、基于主题探究学习的校园文化氛围。改革的倡导者和学校的领导者应该虚心倾听来自教师和学生对于改革的意见与建议，认真思考改革对于学校、教师及学生发展的意义，给予教师和学生实施改革所必需的条件支持，应努力把学

校创建成为鼓励、支持创新的学习型组织。

第三节　微课教学在高中思想政治教学中的应用

"微课程是一种新兴的教学模式，在改革传统教育模式，提升教学质量方面发挥着重要作用。"[①] 微课应用在思想政治课程教学中，将相关知识点转化为声音、影像等，让学生能够从多个角度对相关知识点进行深入学习。微课不仅能有效丰富思想政治教学活动形式，全面激发学生对思想政治知识探索的主观能动性，而且能够促进学生自主进行知识探索并形成合作探究意识，在提高高中思想政治教学成效的同时，实现对学生综合素质能力的全面培养，为学生未来的思想政治学习夯实基础。

一、微课的特点

微课是"微"与"课"的结合，是在比较短的时间内，一般在 5 到 10 分钟，就一个小的知识点或者一个小的主题进行讲解、探讨的视频。

微课的特点就是"微"，即短、小、精、悍。"短"——时长短，10 分钟以内，它非常便于学习者下载或在线观看；"小"——小容量视频，学习者可以方便存储携带，不费流量；"精"——精心设计，富有创意，这是微课的精髓，因此深受学习者的喜爱；"悍"——简短完整的教学内容及其活动，可以节约时间，提高课堂效率，更具操作性。

二、微课在高中思想政治课堂教学中的意义

（一）符合教学的规律

"随着现代信息技术的不断发展，微课逐渐广泛运用于现代教学模式并发挥重要作用。高中思想政治课堂教学，与微课的融合运用具有必然性。"[②] 学校教育主要是指让学生能够通过课堂学习，进一步优化学生的知识结构，促进文化素养以及知识水平的提升，以此为高阶学习与未来发展夯实知识基础。随着信息时代的到来，传统的教学理念以及教学模式已经难以满足学生实际学习的需要。而将其有效应用在实际教学中，可以引导学生从多个角度对思想政治知识进行深度学习，不仅能够有效拓展学生的知识面，有效打破传

① 刘相镇. 微课在高中政治课堂教学中的运用策略分析 [J]. 西部素质教育，2017，3（13）：227-228.
② 刘卿卿. 微课在高中思想政治课堂教学运用策略 [J]. 品位·经典，2022（10）：152-154+157.

统教学模式在空间与时间上的局限性，同时，能帮助学生通过自主探索、小组合作探究等多种学习形式汲取知识，有效培养学生的思维能力。由此可见，在高中思想政治教学活动中科学运用微课技术，不仅符合教育教学规律，而且可以提高学生学科素养。

（二）符合学生的个性发展

在传统教学模式的高中思想政治课堂中，多数教师都会将自身视作课堂中心，采用机械式灌输的形式进行知识传授。该种教学形式过于单一，教师在进行教学设计时，应兼顾整体学情，权衡利弊，基于大部分学生的接受能力来开展相应的教学活动。由于每名学生的学习能力与基础不同，随着知识难度的不断加深，学生个体之间的差异性会越发明显，因此，传统教学形式很难满足所有学生的学习需求。随着微课技术在思想政治教学活动中的应用，教师借助微课可以为学生创设自主探索活动、合作探究活动等，不仅能够让学生充分展现自身的优势特点，而且通过合作交流，能让学生互相博采众长，在不断探索与尝试中逐渐找到可以满足自身个性化学习需求的学习方式，提升可以自身的学习成效。由此可见，在高中思想政治教学活动中合理应用微课，能够满足符合学生的个性化发展需求。

（三）转变学生的学习方式

学习方式是决定学生对思想政治课程学习成效的核心因素，其主要是指学生在汲取知识过程中的基本学习行为与认知能力水平。在以往传统的教学活动中，学生往往处于被动的环境下汲取知识，根据教师的知识传授，采取机械式记忆、题海战术等形式学习，学习方式过于僵化，一方面导致学生原本的课业负担增大；另一方面会影响到学生思维空间以及能动性的深度开发，学生也不会针对有关知识内容进行深刻思索和分析，这样，学生就很难真正领悟到思想政治课程的知识内涵，难以发挥思想政治课程对学生思想意识形态与价值观念养成的助推作用。

随着微课在思想政治教学活动中的有效应用，教师借助微课视频引导学生逐渐采用现代学习方式开展对思想政治知识的探索，重点开发学生主动学习与协作学习意识，让学生能根据自身的能力水平与优势特点选择合适自己的学习方式，在学生能够深入学习、全面掌握思想政治知识的同时，能够帮助学生不断摸索符合自身发展特点的现代学习方式，进而实现对学生综合化学科素养的有效培养。

三、微课在高中思想政治教学中的应用原则

（一）互动性原则

教师在运用微课开展思想政治教学活动时，要结合互动性原则，引发学生对知识点的

探索学习兴趣，让学生通过互动交流，灵活应用微课进行知识探索，强化学生对知识要点与重点的掌握，从而提高学习动力，为学生深入且高效地开展实践学习活动做好铺垫工作。高中思想政治学科理论性较强，在指导学生进行实践学习时，要求通过互动性教学，帮助学生提升探索学习能力，降低对理论知识的记忆学习难度，强化对知识要点与重点的应用成效，突出微课教学灵活性、便捷性作用，帮助学生高质量开展实践学习活动。

（二）科学性原则

高中思想政治教学对帮助学生树立正确的"三观"、端正学习态度、建构学习思想具有重要的作用，需要教师依据新课改提出的育人目标，通过微课组织创新性教学活动，让学生在清晰直观、灵活多变的学习过程中，感知思想政治理论知识的学习意义与价值，增强学生对知识要点与重点的掌握技能，全面提升学生课程实践技能与水平，为学生深入且系统地开展实践学习活动提供助力。遵循科学性原则发挥微课教学的高效性作用，使学生结合政治理论知识进行实践学习活动，可以帮助学生形象地理解政治学科理论知识要点，为备战高考做好充分准备，全面增强高中生的政治学科素养和核心竞争力。

（三）创新性原则

高中阶段通过运用微课开展思想政治教学活动，充分体现了信息时代教学的特点。教师要有效创新思想政治教学实践活动，让学生深入感知学科知识的内涵，提高实践学习兴趣与动力，为学生逐步形成良好学习思想，做好铺垫工作。教师遵循创新性原则将政治学科理论知识通过微课展示出来，锻炼学生实践应用技能，能更好地让学生深入感知思想政治教学的目标性与内涵性，提高学生对知识点的学习探究能力，为高中生深入开展思想政治学习活动奠定基础。

四、微课在高中思想政治教学中的应用路径

（一）创设教学情境，降低知识理解难度

高中阶段思想政治课程知识的理解难度较大，由于部分学生仍然沿用初中阶段的学习方式，致使难以满足学习课程知识的具体需求。为此，在开展课堂教学活动时，教师应重点关注引导学生转变学习观念与方式。因此，教师应充分借助微课，结合高中生的认知能力与思维特点，以教材知识内容为核心，利用微课视频的具象化特点，将难度较高的知识点转化为声像，让学生能够从多个角度对相关知识内容展开纵深分析，在降低理解难度的同时，助力学生深入学习和全面掌握思想政治知识，最终实现学习成效的大幅提高。

（二）引入时政案例，拓展学生思维空间

高中阶段的思想政治课程知识内容更倾向于对时事政治问题的分析，让学生通过对历史政治事件、当前社会发展等多个角度对相关的政治思想进行深度剖析，并能在汲取知识的同时，逐渐形成正确的思想意识形态与价值观念。因此，教师在教学活动中，应结合教材知识内容，发掘网络资源中的政治教学素材，借助微课，将当前关注度较高的热点社会问题与时政专题制作成相应的案例微课，让学生依据自身的认知水平，结合教材知识内容，对案例进行客观的分析，进而实现学生对思想政治知识的深化。

教师在运用微课案例教学时，应注重对案例类型的选择。选择正面的案例能有效激发学生从思想、情感上认知当前先进的思想、文化，提高学生的政治思想觉悟，促进学生正确思想意识形态的形成。而选择负面的案例能够有效激发学生的反思，培养学生的是非观念，让学生在案例反思过程中，将思想觉悟逐渐转化为行为上的自觉。因此，教师在借助微课为学生设计教学案例的过程中，应当根据教学目标合理选择案例类型，进而实现思想政治教学成效的有效提升。

（三）利用微课进行任务驱动，培养学生前置学习习惯

教师在日常教学活动中，想要切实实现学生对思想政治知识的深度学习，应提高对前置学习的重视，在教学活动开始前，可以通过线上学习平台为学生推送相应的微课视频，为学生创设前置性学习任务，让学生能够利用课下时间，在微课视频的引导下，对相关的知识内容进行初步探索，重点培养学生开展自主知识探索的主观能动性。同时，学生可以通过线上平台结合前置性学习任务开展与同学之间的交流互动，在互相交流的学习过程中，明确自身的薄弱环节，并能够在线下教学活动中有针对性地进行重点学习，进而实现学生对思想政治知识的高效学习。

总而言之，互联网时代的到来，为我国教学活动开辟了全新的路径，微课在当前高中教学活动中的应用，在不断探索与尝试中越发成熟。因此，在高中思想政治教学活动中，教师应提高对现代教学模式与学习方式的重视，加强对微课视频的有效运用，结合当前高中生的个性化学习需求与思维模式，为学生创设多元化思想政治教学活动形式，全面开发学生对思想政治学习的主观能动性，充分发挥思想政治课程对高中学生价值观念养成的推进作用，在有效提高课堂教学成效的同时，促进学生良好的个人修养与优秀品质的形成，为学生的未来发展奠定坚实的基础。

第四节　思维导图在高中思想政治教学中的应用

高中生的思维发展已经趋向成熟，比较擅长抽象思维和辩证的逻辑思维。教师要抓住学生的这种思维特点，采用灵活合理的教学手段激发学生的内在潜能，引导学生更加全面地思考问题，促进学生主动学习、有意义学习和创新学习。学科核心素养并不仅仅是学生的文化知识水平，更重要的是学生情感态度价值观以及社会参与能力得到良好的发展。如何让学生积极主动地参与到学习中是教育教学的一个重大问题。随着科技的发展和文化的交流，西方一些有效教学手段被国内教育者所引用。

思维导图从 20 世纪 80 年代传入我国，最初应用于企业和金融领域中，后来思维导图逐渐进入了教育教学领域。思维导图作为一种有效的思维工具，能够帮助学生梳理知识、构建知识体系，培养学生的思维能力和创新精神，能够促进高中思想政治课的有效教学。"新课程改革以来，思维导图策略被逐渐引用到高中政治课教学中，对有效提高课堂教学效率起到了积极的作用。"[①] 所以，探讨思维导图在高中思想政治教学中的应用，是思想政治学科教师应该关注的问题。

一、思维导图应用于高中思想政治教学的理论基础

（一）脑科学研究理论

人的大脑皮质中大约有 140 亿个神经元，神经元的结构包括树突、胞体、轴突，神经信息是以化学物质（神经递质）为媒介进行传递的。人的大脑中所有神经元是由突触按照一定规则连接起来的，形状类似于由中心向外发散的一种网络结构，这就构成了信息传递和加工的网络，而思维也是由发散性的网状结构来呈现的。大脑对信息进行传递、加工、存储的过程就是学习的过程，在这一过程中运用归纳、整合等方式可以将信息储存到记忆结构之中。

由于人类大脑的网络系统，人们才可以正常进行学习、记忆和思维。人类不仅可以使用逻辑思维工具——语言，也能运用形象思维的可视化工具——"图"，后者更能够体现空间维度的优势。而思维导图就能够将知识可视化，它将中心词（思维重点）、思维过程，以及各个关键词之间的联系运用画图的方式清晰地呈现出来，类似于人类大脑的网络系统。

① 魏巍．思维导图在高中政治课堂应用中的现状及对策初步研究 [J]．教育教学论坛，2017（06）：275-276．

思维导图呈现方式与大脑思维过程的相似性，它具有许多其他思维工具不具备的优势，一方面思维导图可以将思维过程用图的方式呈现出来，更加直观；另一方面，在处理比较复杂的问题时可以更加快速地理清层次，更容易抓住重点。由于思维导图呈现思维的过程与人的大脑表现思维的过程是高度一致的，所以多运用思维导图可以进一步开发大脑。

高中思想政治有许多内容比较抽象，对于高中生来说存在理解和记忆的问题，这就要求高中思想政治课教师注重对学生逻辑思维和形象思维的培养。思维导图在高中思想政治课教学中的合理运用可以帮助高中生加深对抽象知识的理解和记忆，不断培养学生的辩证逻辑思维以及创新能力，促进学生全面发展。

（二）建构主义学习理论

建构主义学习理论更加强调的是学习者的主动性，认为学习的过程就是学习者基于原有的知识经验建构生成新的知识的过程。思维导图可以有效帮助学生主动进行意义建构，它为学生提供了一种能够让思维走向具体的思维工具，让复杂的问题清晰明了，结合具体情境解决实际问题。

基于建构主义学习理论，教师要积极引导学生主动进行知识的建构，在运用思维导图进行高中思想政治教学的过程中，不仅仅只是让学生记住图，更重要的是引导学生思考知识间的内在联系，建构自己的知识体系。

高中思想政治教师运用思维导图进行教学是将教学内容以及教师的思维过程用思维导图呈现出来，让学生明确教学的目标和任务，快速抓住学习的重点、了解知识结构。学生在学习运用思维导图进行学习时，能够激发学生的创造力，清晰地展示自己的思维过程，培养学生的辩证逻辑思维和创新能力，促进学生主动进行知识意义的建构。绘制思维导图的过程就是意义建构的过程，能够让教师更加深入地了解学生的思维过程。

（三）认知结构学习理论

认知结构学习理论认为学校教育不应该是向学生传授结论性的知识，而应该让学生掌握课程的基本结构，包括学科中的基本概念、原理及它们之间的相互关系；学习的过程就是学生主动形成认知结构，并通过主动建构拥有属于自身的类别编码系统的过程；发现学习是学生掌握学科基本结构的最好方法。可以将认知结构学习理论的主要内容概括为三个方面：①学习的最终结果是形成和发展认知结构；②学习过程是类目化的过程；③发现学习是学习的最佳方法。

学习的结果是形成和发展认知结构。认知结构学习理论者认为人的所有学习都是基于其已有的认知结构，换句话来说就是人们在接触新事物时需要依靠个体原有的类别编码系统来处理信息，对其进行识别与分类。当人们在知觉一件新事物时，实质上就是对其进行识别与分类，然后根据已有的经验将其划为特定的类别，结合已有经验对此类别已知的属性联想预测出该事物可能具备的其他特征，使人们达到对新事物更深入、更全面的认识。而每一次的学习、每一次对新事物的感知都是认知结构组织以及重组的过程。思维导图的运用可以帮助学生快速有效地进行分类，掌握知识间的内在联系，更加快捷地对认知结构进行组织与重组，加深对知识的了解与掌握。

认知结构学习理论认为学习就是学生主动进行意义建构的过程。发现学习是学生主动进行意义建构的有力武器，给学生提出的要求是独立学习、自主思考，自己发现问题、解决问题，在获得知识的同时掌握基本原理和方法，再将其重新组织转换获得更高层次的新的编码系统，获得更深层次的理解。发现学习强调两个方面：一方面是以学生为中心，另一方面是注重引导学生掌握某一学科的基本学习方法，其中发现的方法与态度是最为关键的。思维导图的运用，可以帮助学生更加快速地了解知识内容间的联系，便于发现存在的问题并及时解决，构建有效编码系统和知识体系。

（四）图示理论

图式是一种储存在人的大脑中的知识体系，这个体系根据知识的抽象程度划分为不同的等级，只有掌握足够的低等级的图示才有可能激活高等级的图示。根据图式理论，知识概念的理解就是学习者记忆中已有的知识结构体系与教师提供的有关学习内容的信息交互作用的过程。学习者将头脑中已有的图式（如背景知识或已获得的知识结构体系）与学习内容提供的信息进行对比并使之相匹配时，就能理解所要学习的内容。在这一过程中，教师提供的学习内容信息激活读者头脑中已有的图式，使学习者成功理解并储存学习内容。如果学习者头脑中已有的知识框架不能与学习内容中的信息相匹配，也就是说学习者记忆中已有的经验不能对学习内容进行匹配、解码、提取、记忆或学习内容信息不能激活大脑中已有的知识结构，这样就会导致知识理解不当，甚至是无法理解所学内容。

图示理论为我们提供了良好的教学思路，要让学生更加快速有效地学习理解知识概念，就要充分认识到个体认知图示的重要性。

二、思维导图应用于高中思想政治教学的指导意义

（一）利于教师优化教学设计，创新授课方式

教学设计是教学活动中非常重要并且关键的一步，合理使用思维导图进行教学设计，

能够让教师快速理清知识内容间的联系，有效把握教学的重难点，制定合理的教学目标，采用合适的教学方法。思维导图不仅可以运用在课堂教学设计中，也可以运用在课堂小结和复习课的教学设计之中。

在课堂教学过程中，教师可以使用图片和文字结合多媒体的形式将知识点之间的关系以及教师的思路展示出来，这样能够让学生理解知识点之间的逻辑关系，快速把握学习重点，让学生理解教师的思维过程并跟着教师的思维过程学习。教师也可以运用思维导图设计学生合作学习，以某一个知识点为主题，将学生分成若干小组进行合作，这样有利于培养学生的发散思维能力以及团结协作的能力。在课堂小结或复习课中，教师运用思维导图可以帮助学生理清思路，建构知识体系，可以加强学生的记忆、培养学生辩证逻辑能力以及创新能力。教师可以通过让学生制作具有自身个性思维导图，来获得学生近期的学习状况和心理发展情况，这种方式也能够锻炼学生制作思维导图的能力，让学生总结近期所掌握的学习内容并及时发现自己学习过程中存在的问题。

有了多媒体教学之后，一些教师在课件中穿插过多的视频和图片，整堂课给人的感觉是气氛活跃、学生积极，但是课程过后在学生脑中什么都没留下。如果教师在教学过程中运用思维导图这种形式，不但可以突出主题，也能引导学生思考，使知识点更加形象生动地呈现，让枯燥的理论概念也变得有逻辑有趣味，引起学生的学习兴趣的同时，培养学生的逻辑思维能力。

（二）利于促进教师自身的专业化发展

教师自身的专业化发展要求教师不断完善自身的知识素养和文化素养。教师的专业知识素养包括扎实的学科专业知识、渊博的历史文化知识和教学理论基础及教学实践经验和教育智慧。当然，教师还应该具有一定的心理学知识和医疗常识，在发现学生出现心理问题时及时进行疏导，在学生出现身体上的疾病时能够正确有效地进行急救措施。而广泛的兴趣爱好是教师能够走进学生与学生更好交流的有效手段。

身为一名教师要不断地学习，不断充实自己，知识的海洋如此宽广，要从中快速汲取有效的知识需要运用一定的方法手段，思维导图可以把有关联的各类知识联系在一起，能够帮助教师理清知识脉络，快速提取有效知识、建构知识体系。思维导图是以树状图的形式表现出来的，它总是围绕着一个主题，这个主题通常是以图片或是关键词出现，分支从主干向四周发散，能联想到有关主题的关键词或是图片都展现在分支上，分支与分支之间也是紧密联系的。虽然思维导图是在平面的图纸上呈现出来的，但是思维过程是立体的，它实际上包含了时间和空间。思维导图能够将知识可视化，能够呈现思维的过程，能够很好地开发大脑的潜能、提高大脑的创造力。思维导图合理利用可以帮助教师整合各类知识、建构知识框架，有利于逻辑思维方式的养成，有利于提高工作效率。

（三）利于学生理清知识脉络，构建知识体系

对于高中思想政治课普遍存在着这样一种误区，许多家长和学生认为政治课就是多背书就能获得好的成绩。但是很多学生会面临这样的问题，老师上课所讲的内容能听懂，知识点也会背，但是在考试过程中要运用综合性知识解决实际问题时就不知该如何着手。学生没有解题思路并不是说这道题目难度太大，很多时候都是思维方式存在问题，也就是学生的思维与现实问题的解决出现障碍。这种思维问题通常有四种表现：①学习了很多政治理论知识，但是不能理解知识的内涵，在解决实际问题时不能从大脑中提取有效信息，不知该如何着手；②在学习了书本知识之后，有关原理、概念和观点都已在头脑中形成记忆，但是在解决问题时不知该如何使用；③在考试过程中认为题目很简单，但是一做就会出现各种问题；④在做题的过程中出现卡壳的现象，思维无法继续。这些现象的出现都是因为学生缺乏系统的知识结构，没有养成正确的学习方法和思维习惯。

"思想政治有知识点庞杂、抽象的特点，因此记忆难度大，而思维导图能立足于思想政治的特点，最大限度地减少学生的记忆负担。"[①] 思维导图的合理应用是解决这种思维障碍的有效手段。运用思维导图进行学习，借助图片、关键词、连线、色彩对比等方式，学生能够快速理解概念、理清知识间的内在联系，以点带面帮助学生加深记忆并且建构系统的知识体系。要求学生运用思维导图进行有效学习，教师的首要任务是让学生认识思维导图，并且向学生传授制作思维导图的方法。

学生在绘制思维导图的过程中，教师不能代替学生整理知识结构，而应该注重方法的引导，协助学生进行知识的衔接、帮助学生疏通思路，让学生学会对所学知识的整理和归纳，通过自己的努力构建符合自己思维的思维导图。这样不仅可以帮助学生养成自主学习的习惯，更能培养学生的逻辑思维能力和创新能力。

思维导图能够将知识可视化、将思维过程直观化，让学生构建符合自己思维特点的知识体系的同时培养了学生的逻辑思维能力以及创新能力。学生的学习不再仅仅局限于教师和教材，他们拥有更多的自主学习空间，能够主动获取、整理、分析与判断，自主获得知识，对知识的记忆也更加深刻。

（四）利于促进学生创新思维的养成

问题的提出往往比问题的解决更重要，因为解决问题可能只需要某种技能，而问题的

① 张晓丽. 论思维导图在思想政治记忆环节中的优势 [J]. 科教文汇（上旬刊），2017（04）：133-134.

提出需要敏锐的观察力和丰富的创造力。新时期教育教学的重要目标就是要培养学生的创造思维以及创新能力，这与培养创新型人才的素质教育目标也是一致的。作为新时期的教师，我们要更多地培养学生自主学习的能力，引导学生发现问题、分析问题、解决问题，在自主思考的过程中创新。我们也要鼓励学生勇于质疑，敢于提出不同的想法，要对学生的创新思维给予引导和鼓励。

高中思想政治课教师在课堂教学中，合理运用思维导图能够有效培养学生的创新能力。教师运用思维导图进行课堂内容讲授的同时，要向学生传授思维导图的制作方法，学习绘制思维导图能够培养学生的想象力和创造力，这些思维能力是创新能力的基础。学生运用思维导图进行学习，既可以从宏观角度了解整体知识结构，又可以理清知识点之间的内在联系，加深对知识概念的理解。

思维导图非常重要的一个特征是运用了图片和色彩对比，这样能够有效刺激大脑充分调动大脑的活力，激发学生的想象力和创造性思维。学生获得知识的过程不再仅仅依赖于记忆教师所讲授的内容，而是积极地理解知识，对关键词进行总结，对所学内容进行整理、分类、归纳，然后进行发散联想。在这个过程中，学生能够与教师进行更深层次的交流，能够让学生敢于将自己对有关问题的不同看法展现出来，不断促进学生创新能力的培养。对思维导图的持续运用可以培养学生的逻辑思维能力、创新能力，使学生养成良好的思维品质，加强学生的理解能力。

（五）利于促进师生、生生交流互动

高中思想政治教学包括四个基本要素：教师、学生、教材和教学条件，思想政治教学过程就是教师和学生进行双边互动、创造的过程。思维导图的使用可以有效促进学生与教师之间的交流互动。教师可以通过对学生绘制的思维导图进行汇总分析，了解学生的学习情况以及思维过程，及时发现学生学习存在的问题。在了解学生哪些知识没弄清楚后可以更有针对性地进行辅导，采用适合学生思维方式的教学方法进行授课，这样更能够实现因材施教。教师和学生可以针对同一个主题的知识各自绘制思维导图，然后进行交换阅读、对比、分析，在交流互动的过程中对思维导图进行修正、完善。在此过程中，教师与学生能够深入交流，碰撞出思维的火花。学生能够完善自己的知识结构、养成良好的思维习惯，教师也能达到教学相长的目标。

思维导图的使用也可以促进学生与学生之间的交流互动，形成了一种新的合作学习的方式。每个班级内的学生成绩都存在差异，将不同成绩的学生编入同一小组进行学习交流。由于小组成员的基础不同、思维方式不同，对于知识概念的理解就会存在着差异。让小组成员共同绘制思维导图，能够加强学生间的交流互动，让思维进行碰撞，培养了学生合作能力的同时锻炼了学生的组织协调能力，使学生养成批判性思维、逻辑思维以及发散性思维能力。通过这种方式进行合作学习，学生不仅能够吸取别人的优秀成果，而且能够充分表达自己的意见、展现自己的风格。学生在交流的过程中能够发现自己的不足，及时进行反思，在接受其他同学的意见之后不断修正自己的思维导图。

三、思维导图应用于高中思想政治教学的策略

（一）加深理解，科学认识思维导图

1.教师科学理解思维导图

思维导图是一种可以将思维可视化的工具，能够直观地展示教师的思维过程。如果能够熟练掌握不仅能够帮助教师更准确地备课，还能提高教学效率，培养学生发散思维能力、逻辑思维能力等。

教师学习思维导图时，要对它有科学的认识与理解，可以通过多种多样的方式去了解思维导图制作需要遵守的原则、制作方法以及应用的方式，还有制作和应用中需要注意的问题。时代在不断发展，自媒体的运用也越来越受到关注，作为高中思想政治教师更要对新事物有敏锐的嗅觉和强大的执行力。教师可以通过各种自媒体了解思维导图的应用，这种方式能够让教师将在上班路上、下课课间等碎片化的时间充分利用起来。

为了避免知识的片面化、缺乏精准性，在教师有比较充足时间的时候，要去阅读有关思维导图的经典著作，也可以在网上查找一些核心期刊、文献进行详细的了解。如果学校的教育条件比较好，可能会组织一些关于思维导图的讲座或是培训，教师要及时抓紧学习的机会。思想政治课教师也可以多与其他的老师对思维导图的应用进行交流，不仅限于本学科，也应该与其他科目的老师探讨，据统计，英语、地理是应用思维导图比较多的科目。想要学习理解思维导图途径多种多样，只要教师想学，愿意思考，就能够发挥好思维导图应有的教学效果。

教师应该明白任何一种学习手段被推广出来，肯定是因为它的存在是有意义的，不能因为时间紧张或是一些其他的困难就逃避学习。教师的一言一行具有一定的示范性，乐于接受新鲜事物、积极挑战思考的教师培养的学生大多善于思考、敢于批判。教师可以通过对思维导图意义的了解来加深对思维导图的认识，理解思维导图真正的内涵，明确思维导图给教学和学生带来的可预期的意义。思想政治教师可以与其他的已经掌握思维导图应用的教师探讨经验，甚至可以去尝试听一节应用思维导图教学的课，可以更加真切地体会到

应用思维导图进行教学能够带来的改变。

2.学生正确认识思维导图

思维导图是以一种放射性的图示呈现出来的，它类似于人类大脑神经元的结构，更贴近大脑思维的过程。思维导图作为一种思维工具，可以有效地调动学生的学习热情、提高学生的学习效率，充分发挥学生在教学中的主体地位。

高中生的学习任务多、学习时间紧张，但这不能成为逃避接受新鲜事物的借口。熟练运用思维导图之后，学生能够有效提高学习效率，节约更多的时间进行深入的思考和学习，所以学生要正确认识思维导图。学生认识思维导图最直接的方式是通过教师的讲解，但是教师一般都将思维导图应用到教学中讲解，主要目的是讲解知识内容，并没有单独有关认识和制作思维导图的课程，这会造成学生对思维导图认识的片面化。除了这种方式，学生还可以通过阅读有关思维导图的书籍来，扩充对思维导图的正确认识。学生可以请教有关教师，教师会根据学生的素质来推荐适合的书籍，学生只需要阅读教师推荐的书籍即可。学生之间可以相互交流、互相学习，已经熟练掌握应用思维导图的学生可以帮助其他同学的学习，不仅加深对思维导图的认识和理解，还能结识一段段深厚的友谊。

思维导图对学生提升思维能力、构建自身的知识体系以及养成良好的学习方法等都有巨大的价值，学生要正确认识到这一点。对于学生来说，拥有绘制思维导图的意识是非常重要的，在课前先通过预习制作思维导图，再根据教师在课堂上的讲解不断进行完善，对于重难点着重凸显、困惑点具体突破。思维导图不仅仅是简单的知识图，否则它与框架图毫无差异，思维导图重点在于思维的发散性与创造性，通过思维过程的呈现，学生能够明晰自己思维出现的问题并不断完善。学生对思维导图要有正确的认识，在思维过程中要多角度、发散性的思考，建构更加系统完整的知识体系，养成批判精神和问题意识。问题的发现是解决问题的前提，学生要打破自己的思维定式，跳出自己的"舒适圈"，进行更多的发现与探究，开发自己的创造性思维，获得更多有意义的学习。为了节约时间，学生可以进行分工合作，针对不同的部分不同的人去探究学习，然后小组成员共同学习探讨，最终达到对思维导图的正确认识。

（二）调整态度，加强对思维导图的重视

1.学校重视思维导图在教学中的应用

学校是有计划、有组织、有领导地进行系统教育的机构，它的重要任务是让学生掌握他们应该掌握的知识，培养学生适应未来终身发展以及满足社会需要的能力。而随着经济的不断发展，社会也在不断进步，社会所需要的人才也在不断变化，只有具有良好的逻辑思维、发散思维、批判思维等思维能力的学生才能够快速适应社会的变化，所以"思维能力"应该成为学校制定的培养目标中重点之一，而思维导图的应用能够帮助学生逐步养成良好的"思维能力"，所以学校要重视思维导图的应用。

学校在正确认识思维导图对于学生的学、教师的教以及学校管理的意义之后，要调整对思维导图的态度，加强对思维导图的重视以及思维导图的推广和应用。学校要不断接受新鲜事物，及时进行教学改革，引导教师学习并且接受新的教学理念和教学手段，积极鼓励教师学习思维导图并将其应用到教学之中。学校可以选取部分接受能力和学习能力较强的教师，去观摩其他学校应用思维导图进行教学的教师的课堂，切身感悟思维导图带来的课堂氛围以及学生的变化，深刻认识思维导图对于教学的意义，加强教师对思维导图的重视。

学校提供的有关思维导图的培训对教师学习和认识思维导图有重要意义，学校重视思维导图就要加强对教师进行有关的培训，让教师及时接触并掌握思维导图的应用，给予教师更广阔的平台学习新的教学手段和教学理念。教师间关于思维导图应用教学的交流活动学校要鼓励和支持，让更多的教师参与到学习和应用思维导图进行教学，加强对思维导图的重视。在各种教研活动中，学校也要加强教师对应用思维导图的重视，教师之间可以相互交流分享，提出别人的问题也能找出自己的不足，进而达到共同学习共同进步的目的，有效发挥思维导图的教学价值。学校也要鼓励教师与学生进行有关思维导图的交流和互动，学生可以了解教师的思维过程，而教师根据每一位学生的思维导图可以指出他的优点和不足，能够更好地因材施教。

2. 教师树立思维导图的应用意识

教师在课堂教学中要更多地关注学生问题意识以及思维能力的培养，引导学生自主学习、探究学习、合作学习。思维导图是一种有效培养学生问题意识和思维能力的教学手段，所以教师要树立思维导图的应用意识。

思维导图的应用能够发挥学生的主体性，对于这一点教师应该有充分的认识。在思想政治课堂上，教师运用思维导图进行教学，不仅让学生了解了教材的知识内容，理清了知识间的内在联系，而且还明晰了教师的思维过程，突破了学生的思维定式，激发了学生深入思考和想象力的发挥。

对于思想政治教师来说，高中思想政治教材内容繁多、概念抽象，并不是所有内容都适合应用思维导图，教师要仔细研究教材，充分挖掘教材中能够与思维导图结合的内容，尽可能用思维导图进行教学，结合对学情的分析引导学生自己绘制思维导图。在引导学生绘制思维导图时，教师可以通过学生所绘制的思维导图了解学生哪些知识并没有熟练掌握，可以得到及时的教学反馈。在学生绘制思维导图之后，教师要对其做出及时的评价并且提出一些建设性的修改意见。教师要鼓励思维导图绘制优秀的同学与其他同学分享讨论，带动全班同学学习思维导图的积极性，营造一种良好的学习氛围，充分发挥学生的主体地位。

教师要充分认识到思维导图对提升教师的教学能力以及提高学生的学习效率的价值，要积极主动地去学习、去了解，尝试将思维导图应用到教学之中，努力树立应用思维导图的意识。教师要积极参加学校组织的有关思维导图的培训，并认真思考，将其应用到自己的实际教学中。教师还可以多向经验丰富的教师请教，以便更加熟练地应用思维导图。

（三）加强应用，关注思维导图的使用技巧

1. 合理的时间分配

如今高中生学习任务重、时间紧，高中思想政治教师的教学任务重、课时少，所以，教师在应用思维导图进行教学时要合理分配时间。

在实际的教学过程中，为了节约课堂时间并且充分发挥思维导图的教学效果，教师要提前做好相应的准备工作。首先，教师自己要通过多种方式学习应用思维导图，在达到熟练应用后绘制出下节课所需的思维导图备用，并在上次课结束时给学生布置预习教材的作业，在课堂上为学生提供部分已经制作好的思维导图，引导学生深入思考，发散自己的思维合理绘制思维导图。在上课前，学生要认真预习，在熟悉本节课所学知识的同时回顾之前所学的与本节课相关的知识，可以将不懂的内容重点圈画出来，这样可以有效提高听讲的效果，整合新旧知识，更能发挥思维导图的效果。学生在绘制思维导图时，可以多准备一些不同颜色的彩笔，使思维导图绘制得更加清楚、立体，能够吸引学生的注意力，增强记忆的效果。

在熟练运用思维导图之后，要精简思维导图的绘制，提高绘图效率，有效节约课堂时间。思维导图强调的是思维的过程，具有立体性，它将复杂的思维过程用可视化的图呈现出来。但是在实际的教学过程中，很多学生仅仅把思维导图当作记笔记的工具，更倾向于线性笔记的用途，最明显的问题就是文字过多。这与学生的学习能力有着直接的联系，有的学生对所学内容不能准确把握和理解，无法从大量的文字中提炼出关键词，所以教师要加强学生对所学内容的理解，让学生学会对关键词的准确提炼，引导学生深入思考发散思维，进而做到精简绘制思维导图。这样不仅能够节约课堂时间，学生也能更容易把握重点，提高学习效率。

教师要鼓励学生合作，通过小组合作，以集体的形式完成思维导图的绘制。经过前面的分析我们发现，学生绘制思维导图一般采用手工绘制的方法。如果在课堂中让每个学生

单独进行思维导图的绘制，不仅会浪费较多的时间，形式过程也会比较单一；采用小组合作的方式，可以加强学生之间的交流，节约时间的同时集思广益，能够使所绘制的思维导图更加全面充实。正所谓"众人拾柴火焰高"，在进行小组合作时教师要给予一定的引导，首先，将学生分成数量尽量相同的组，注意组内成员素质水平的分布。其次，教师要给每个组分配任务，不同的小组完成不同知识内容的思维导图的绘制。最后，将所有小组的思维导图按照一定的逻辑关系进行整合，最终得到一份较为完整的思维导图知识体系。

关于相同的知识内容，组内成员可能会有不同的见解，成员之间可以进行讨论，碰撞出思维的火花，通过自己的深入思考构建的知识体系更加清晰和牢固。思维导图小组合作绘制，可以培养学生的合作能力，使学生更有成就感，从而也能提高学习的效率。在各种实际活动中我们发现，合作往往能在节约时间的同时提高效率，所以，教师要鼓励学生合作绘制思维导图。如果课余时间学生也愿意学习思维导图，也可以小组合作进行，学生自己寻找合适的小伙伴，在教师的协助下共同完成。

对于一些硬件设施和条件比较好的学校来说，可以引导学生利用计算机软件进行思维导图的绘制。这种方式更加高效，也更加贴近学生的未来发展。

2. 全面的过程制作

手工绘制思维导图的步骤包括：①明确主题，了解要绘制的思维导图的内容；②选择一张白纸，在中间画出中央图像，或是写出主题的关键词；③发散思维，从关键词出发，画出向外弯曲的线条，每往次级分支时线条由粗变细；④在主干的分支上填写由中心关键词所联想的关键词，这个关键词一定要是对中心关键词的拓展，以此类推往下选取关键词，关键词的选取一定要简明扼要，书写工整规范，以便以后方便查看；⑤将二级分支画在主分支的节点上，然后将二级关键词填在分支的枝干上，如果有需要再绘制三级分支；⑥各分支与主干之间有较大联系的部分可以用箭头表示出来；⑦将思维导图的枝干涂上颜色，或是用有颜色的彩笔书写关键词。

教师引导学生绘制思维导图的过程可以分为三个重要阶段：①第一阶段：学生尽可能地多想多写，不要在乎是否有用，只要与所学内容相关的知识都可以写出来，这样有利于培养学生的发散思维和多角度看问题的能力。②学生要学会对知识进行分类，在经过了大家的头脑风暴过后，产生了大量的知识，要将这些知识进行归类，这个阶段一般可以采取小组合作的方式完成，借鉴成员中好的想法弥补个人想法的缺陷。③学生要运用"思维能力"来分析所列出知识的联系与重要性，学生经过了头脑风暴和小组讨论之后得出了一定的结论，教师要给予适当的引导，对学生所做的分析做出及时的评价，好的部分要鼓励，不好的部分要提出建设性的意见，培养学生学习思维导图兴趣的同时，锻炼学生绘制思维导图的能力。

在绘制思维导图的过程中要注意三个方面：①尽量选择干净整洁的白纸，并且纸张要足够大。思维导图中包含着许多图像和线条，如果纸张不干净会造成图像不清晰，如果纸张上面有线条会阻碍我们根据思维导图的线条思考，会使整个思维导图变得混乱，不仅不能提高效率，还会影响思路。纸张也要足够大，如果在绘制思维导图的过程中发现内容太多写不下，会影响思维导图绘制的流畅性，扰乱思考过程。②节点分支尽量使用曲线。人类大脑神经元的树突和轴突都是弯曲的，与曲线类似，曲线更有利于人的发散思维，而直线会抑制大脑的想象。③注意思维导图的色彩搭配。人的右脑对色彩很敏感，在众多内容中能够快速捕捉色彩所带来的信息，所以，要充分利用色彩。但是色彩也不能过度使用而导致眼花缭乱，要注意搭配形成鲜明的对比，对于同一分支的内容可以使用相同的颜色。色彩的使用可以为思维导图增添一种艺术的气息，也能减轻学生学习的疲惫感，提高学生的学习兴趣。

3. 及时的分享评价

学生在学会思维导图的绘制之后，要在实际的学习过程中不断地加以实践和应用，学会知识内容的同时培养自己的思维能力。当然还有很重要的一部分是要学会与人分享。学生可以推荐一些自己认为绘制得好的思维导图给教师，教师进行筛选过后在全班进行分享。如果是个人独立绘制的思维导图，可以让绘制的学生在全班分享自己的绘制过程与思路，在遇到困难和瓶颈时是怎么解决的；如果是小组合作完成的思维导图，可以让小组成员分享分工合作的过程，在遇见分歧时是如何处理的。在大家分享完成之后，其他学生可以根据自己的实际情况提出一些自己想了解的问题，通过对比找出自己的不足并及时吸取别人的经验。分享一定要及时，否则学生会遗忘部分思维过程，也没有较高的学习热情。

及时有效的评价可以对学生知识掌握情况做出及时的反馈，让学生发现自己在学习上的问题，为改善学习方式奠定基础，不仅能够提高学生的学习效率，还能提高教师的教学实效，为最终的评价提供有效依据。对思维导图的评价可以让教师了解学生对知识的理解程度以及学生的思维过程，能够帮助学生重点突破知识疑惑点和思维难点。

对思维导图的评价可以分为三个部分：学生对自己的评价、学生与学生之间的互评、教师对学生的评价。无论是哪种评价方式都需要先确定评价内容，对思维导图的评价主要是思维导图的知识内容表述是否准确、简洁、完整并且连贯，还有思维过程是否具有逻辑性、发散性、创造性等。

学生在对自己的评价过程中，可以针对自己的态度、所绘制的知识内容等进行评价，通过对自己的评价，可以更加深刻地了解自己存在的一些问题以及不足之处，并且及时进行改正，为以后更好地绘制思维导图以及完善自己的知识体系做准备。

在学生与学生之间互评的过程中，要遵守尊重他人、实事求是的原则，保持谦和的态度，在指出其他人不足的地方时要给予对方建设性的意见，而被评价者要虚心接纳别人的意见，反思自己思维导图存在的问题，并及时进行修正与完善，所有人一起共同学习、共同成长。

在教师对学生的评价过程中，教师要客观公正，针对学生所绘制的思维导图了解学生对知识的理解程度以及学生的思维过程，对存在问题的地方给予完善的意见，对于好的地方要及时地鼓励和赞扬，还可以根据思维导图反映出的学生的学习情况进行教学反思，不断完善思想政治课堂。

对思维导图的评价也要及时有效，可以在学生完成思维导图的第二次课进行反馈评价，避免学生由于时间过长造成知识遗忘以及学习热情的减退。

第四章 高中思想政治学科核心素养的教学实践

以学科核心素养为教学目标，整合教学内容，完善教学设计，科学选择教学方法，是在课堂教学的整体过程中落实学科核心素养的培育工作，具有系统性和操作性。本章重点探索素养与核心素养的界定、高中思想政治核心素养的内容、基于核心素养的高中思想政治教学设计、高中思想政治学科核心素养的培育实践。

第一节 素养与核心素养的界定

一、素养的关系及体现

素养是指沉淀在每个人身上的对人的发展、生活、学习有价值、有意义的东西。也就是一个人在某种特定的生活环境下，在生命成长中形成的习惯与思维方式。

（一）素养的关系

1. 素养与素质

谈到人的素养，必须认识人的素质。有一定素质的人，才能有良好的素养。素质对一个人的发展水平和质量有着重要的甚至是决定性的影响。在现实生活中，有些"超人"天赋极高、智商超群，学什么都轻而易举；有些人则在某个特定的领域有天赋，比如，音乐、绘画、空间想象、记忆、体育运动等方面具有"超人"的技艺。也有的人天性善良，有的人天生丽质，等等，表现为不同寻常的素质。

素质是素养的上位概念，人的素质经由生理、心理、文化、思想等不同层次，不断提升，逐步完善，形成了每个人不同的素养。

2. 素养与教养

教养即接受教育后形成的素养。人的很多素养都是教育的产物，都是通过教育与训练之后形成的。在现实社会中，"人"的定义早已不单单是生物学意义上的两腿直立行走的动物，更是一种追求精神并从精神上获得愉悦的动物，也是要善于创造与改造人类社会的动物，而这都需要通过教育和修炼才能成长起来。

我们平常所说的教养，广义上指的是人的整体的全部素养，狭义上指的是人的道德品质。实际上，我们平常所说的教养也就是个人的修养和涵养。人的素养更多的不是教出来的，而是育出来的。

3. 素养与修养、涵养

从字面上讲，修养、涵养即自我经过修炼而形成的素养，它强调自我教育在素养形成中的作用。"修"和"涵"既能凸显自我教育的意义，又能反映素养的实质和内涵。在素养形成的过程中，自我教育起了关键的作用。一个人若是没有自我教育的意识和能力，外在的教育根本进不了人的内心，素养也就无从谈起。

4. 素养与现代文明

从个体的角度讲，素养是个体的习性、习惯；从社会的角度讲，素养是一种社会价值、一种人类文明在某个人身上的体现。由于文化、环境、制度的差异，人与人之间，特别是不同民族、不同国家的人之间，习性的差异是很大的。这里要特别强调的是文化对人的作用。人是文化的产物，不仅我们的观念、价值、感情和行为模式是文化的产物，感觉方式、思维方式都是文化的产物。人的一言一行都体现着他所生活于其中的文化。人性就是文化性，和人打交道就是和他所属的文化打交道，理解一个人也就意味着理解他所代表的文化。

总之，就来源而言，素养来自遗传（基因、天性、天赋）、环境（文化、制度）、教育与自我教育；就形成机制而言，素养是这些因素共同作用的产物，其中，教育发挥着主导作用。

（二）素养的体现

精神长相是一个人的素养的外在表现，可以透过一个人的精神长相，了解他的内在素养。一个人的素养、学识、智慧、道德、态度、品格、思想、精神等会通过其言行举止和神态表情表现出来。外貌的长相基本上是先天性的，内心的变化及发展是通过一个人受教育的过程并在此过程中塑造自己精神长相、涵泳自己气质风貌的过程。

1. 素养在"人格"方面的体现

人格是指个人在先天和后天各种因素交互作用过程中，形成的内在动力组织和相应行为模式的统一体，是能代表个人个性特点的稳定的心理品质。这些心理品质可以归结为个人一定的价值观、道德观和心理素质等，并通过一定的思维方式、行为模式和情绪反应表现出来，使这个人呈现出独特的性格和气质。

人格包括性格和气质，是一个中性的概念。但是，素养展现的却是积极的方面，或者说，一个人只有形成良好的性格和气质，才称得上是一个有素养的人。从教育学角度来讲，人格是一个人内心世界的全部，即人的精神世界，多指个性中有格调、有品位的精神内容，特别表现在道德方面。我们平常也多在道德意义上使用人格这个概念。我们说一个人的人格有问题或有缺陷，指的就是这个人道德品质有问题，也就是个人素养有问题。因此，在教育过程中，教育者应该对被教育者进行精神方向的健康教育，形成良好的道德品质，做一个有人格、有品位的人。

2. 素养在"行为习惯"方面的体现

习惯是一个人在某种特定的环境下，在长期的生活中形成的某种思维方式，也称处世哲学。习惯有两种，一种是良好的习惯，一种是不良的习惯。良好的习惯可以具有无限的创造力和创新能力；不良的习惯可以毁灭自己，殃及他人。

用辩证法的观点来看，不良的习惯也并不可怕。因为不良的习惯是可以改变的。改变后的习惯，彼此之间就产生了一种不变，如师生关系的确立，课堂和课间时间的固定；当习惯之后，彼此之间也要产生一种变化，如学生一年年在长大，知识一天天在更新，教师的执教经验在一点点积累。这种变化，就是要习惯对方的变化，这种变化，是包容，是接纳。这种包容，也就是一种习惯。

由此，教师要想方设法改变自己的一些固定的思维模式，让自己的习惯顺应时代、顺应教育、顺应课堂、顺应学生，才能更好地服务于学生，服务于教育事业。

3. 素养在"思维方式"方面的体现

思维方式也是一个人认识世界与改造世界的态度及其表现。一个人怎么认识世界，怎样去改造这个世界，集中反映了一个人在智力、学识上的素养。从认识论的角度分析，可以把思维方式看作人的认识定式和认识运行模式的总和。从个体的角度分析，思维方式是个体思维的层次（深度）、结构（类型）、方向（思路）的综合表现，是一个人认知素质的核心。从学生学习的角度分析，思维方式反映了学生认识事物的立场和视角，也决定了他们解决问题的思路和具体的行动，对学生的学习质量和水平具有根本的制约作用。学生在掌握知识和发展能力等诸多方面存在的各种问题，都能在思维方式上找到根源。

二、核心素养的界定与价值

（一）核心素养的本质

第一，核心素养培育的思想基础是"人的全面发展"，具体诠释人们经历教育后必须拥有怎样的基本素养和能力，成为怎样的人才。"'核心素养'是人民适应现在生活及面对未来挑战所应具备的知识、能力与态度，也是现代人获得成功生活与功能健全社会所需的素养。"[1]人的全面发展的当代内涵就是指提高人的综合素质和创新能力，这和核心素养的理念是一致的。核心素养是知识、技能和态度等的综合表现，不是囿于某单一学科的知识和技能，而是非情境化的，适用于不同学习领域、不同情境中。

第二，核心素养的价值取向在于满足"个人发展"与"社会发展"的双重需要。在个人的自我实现与发展方面，核心素养必须为人们追求生活目标提供帮助，为实现个人兴趣及终身学习的愿望提供动力，有助于满足个人"优质生活"需求，获得个人成功的人生。同时，在社会发展方面，核心素养可以帮助每个人建立公民身份，行使公民权利，积极融入社会，支持个人在社会文化网络中，积极地回应情境的要求与挑战，保障社会的稳定和发展。因此，核心素养不仅可以营造"成功的个人生活"，更可以有助于建立功能健全的社会，达成"优质社会"的发展愿景。

第三，核心素养的内容包括知识、能力、态度等多方面，其含义比"知识"的意义更加宽广，并不指向某一学科知识，而是强调个体能够积极主动并且具备一定的方法获得知识和技能；比"能力"的意义更加宽泛，既包括传统的教育领域的知识、能力，还包括学生的情感、态度、价值观。它是一系列知识、技能和态度的集合，以三维整合的方式呈现，有较强的综合性和实践性，如国际上重视的语言交往、信息处理、问题解决、社会合作、创新意识等素养，都是学生获得知识、习得能力、发展情感后相互融合的产物。

总之，核心素养是个体适应未来社会需要、获得全面发展、提高生存能力的必备品格和关键能力，是满足终身学习的基本条件，是提升个体综合素质的重要保障。

（二）核心素养的特点

1.普遍性特点

核心素养的普遍性表现在它是不同学习领域、不同情境中都不可或缺的共同底线要求。

一方面，核心素养不同于素养。素养是在个体与情境的有效互动中生成的，这些情境包括家庭、职场、社区及其他公共领域等。素养不应该脱离特定的情境，不同的情境所要求的素养也有所不同，抽象地谈论所谓"素养"是没有太大的价值的。核心素养不是只适用于特定情境或特定人群的特殊素养，而是适用于一切情境和所有人的普遍素养。

另一方面，核心素养是一种跨学科素养，它强调各学科都可以发展的、对学生最有用的东西，并不指向某一学科知识，不针对具体领域的具体问题，而是强调个体能够积极主

---

① 蔡清田.核心素养的学理基础与教育培养[J].华东师范大学学报（教育科学版），2018，36（01）：42-54+161.

动并且具备一定的方法获得知识和技能，从人的成长发展与适应未来社会的角度出发，跨学科跨情境地规定了对每一个人都具有重要意义的素养。

例如，审美素养不仅仅是音乐、美术课程需要致力于促进学生养成的素养，语文课程同样需要对学生进行文学美的浸润，培养其感知美、欣赏美、评价美的意识和基本能力。再者，随着知识时代的开启，知识的增加到了令人目不暇接、耳不暇闻、思所不及的程度。

任何一个人都不可能把所有的知识都学懂，这需要学生养成学会学习的核心素养以适应科学技术日新月异的发展。通过努力学习提高自身的言语信息技能、态度技能、动作技能、智慧技能和认知技能，掌握符合自身特点的一整套科学学习方法体系，从而使自己掌握主动学习、终身学习、全面发展和持续发展的能力。这是每个学科课程共同的价值追求，体现了素养要求的普遍性。

2. 系统性特点

核心素养具有系统性，各指标因素之间相辅相成、相依相促。从纵向来看，素养的生成是从生理到心理，再到文化和思想四个不同的、纵向发展的层面，这四个层面中，前者是后者的基础。

"基础"包含两层含义：一是在发生上前者对后者存在一种逻辑在先的意义，二是在内容上后者以萌生的形式存在于前者之中。这决定了核心素养的习得与养成必须具有整体性、综合性和系统性。

从横向来看，核心素养各因素间彼此并非单独存在而是呈现可交互作用、相互渗透、彼此互动的动态发展，甚至是相互依赖可以部分重叠交织，这彰显了"素养"的本质，更彰显了多元面向、多元功能、多元场域、高阶复杂、长期培育等"三多元一高一长"等核心素养的特质。

核心素养以整合的方式在实践中发挥作用。例如反思能力的养成有利于学生对自己的决策、行为、方法以及由此产生的结果进行审视、分析、调整。自我认知素养是主观自我对客观自我合理认识与评价的意识与能力，包括自己对自己身心特征、优缺点、心理活动的认识，清晰认识到自己在集体和社会中的地位及作用，并在此基础上对自己做出合理评价判断。反思能力和自我认知素养的养成与发展是相辅相成、相互促进的，这体现了核心素养之间的系统性。因而，以核心素养引领课程改革，可在纵向上促进不同教育阶段课程的连贯性，也可在横向上促进不同领域课程发展的统整性，在提升教师课程设计与教学实施的效能的同时激发学生的学习效能。

3. 生长性特点

核心素养的动态性表现在其是可教可学、动态发展的。学生核心素养的获得是一个循序渐进、不断深化的过程，它可以通过外在刺激，诸如有意的教育进行规划、设计与培养。当学生踏入社会，核心素养是个人通过积极主动与真实情境展开互动而不断延伸、拓展和生长的开放体系，随着社会经验的丰富、个体发展需求的增加，素养的内涵会得到丰富和完善。

例如，国家核心素养体系中涉及的沟通交流能力就呈现出明显的生长性，学生在进入学校之前就具有一定的表达能力基础，经过学校课程、活动的系统性训练，学生习得较为标准化、系统化的表达方式与沟通技巧，搭建起一套适用于学校、家庭环境的交流沟通能力体系。

当学生进入社会以后，社交网络的扩大，面对形形色色的人，适用于学校、家庭的沟通交流方式显得匮乏，在实践的打磨中，个人的沟通交流方式和技巧越发丰富和完善，逐渐形成更加纯熟、多元、完善的沟通交流能力体系。由此可见，核心素养是可教可学的，具有发展连续性。

同时，核心素养是通过外显行为表现出来的，体现为行为意向、行为技能水平等。因此，尽管核心素养是动态发展的，但可以开发相应的工具对其进行测评。例如，学生对社会责任这一核心素养的认识也是随着人生经历的丰富、知识结构的完善而逐渐丰满起来的。低年级的学生或许只能认识到社会责任范畴中自己对家庭的责任，主动承担力所能及的家务，做家庭的小主人。但随着认识角度和认识方式的不断丰富，学生能够形成更加深刻的对社会责任的全面理解，认识到自己与他人（家庭）、集体、社会、自然等方面的关系中应有的职责、任务和使命，意识到自己对社会的责任，即将自己的存在与更大范围内的社会进步联系在一起。

4. 统整性特点

核心素养的统整性表现在以下两个方面：

（1）核心素养是知识、能力、态度、价值观和情绪的集合体。核心素养并不只指向某一学科知识，它强调个体能够积极主动并且具备一定的方法获得知识和技能，其含义也比"能力"的意义更加宽泛，既包括传统的教育领域的知识、能力，还包括学生的情感、态度、价值观。核心素养超越了知识与能力二元对立的观念，是相关知识、认知技能、态度、价值观和情绪的集合体。它涵盖了稳定的特质、学习结果（如，知识和技能）、信念-价值系统、习惯和其他心理特征。在各因素之间凸显了态度因素的重要性，强调了人的反省思考及行动与学习，其目的不仅限于满足基本生活需要，更有助于个人追求生活目标、促进个人发展和有效参与社会活动。例如，"国际理解、创新精神"等，更加侧重学生品性修养、态度养成和情感发展。这一超越知识和技能的内涵，可以矫正过去重知识、轻能力、忽略情感态度价值观的教育偏失，更加完善和系统地反映教育目标和素质教育理念。

（2）核心素养统整了个人和社会的需求。核心素养的价值追求在于促进个人发展和形成良好的社会，使学生能够发展成为更为健全的个体，能够更好地适应未来社会的发展变化，并为终身学习、终身发展打下良好的基础，并且能够达到促进社会良好运行的目的，由此统整个人、社会两方面的目标与追求。例如，就合作参与素养来说，人类面临问题的复杂化程度，社会分工的精细化发展都决定了合作参与的价值愈加凸显。全球变暖、臭氧空洞、水污染等一系列问题成为需要人类共同面对的燃眉之急，需要大家矢志不渝地共同努力。因而，合作已经成为社会发展的重要途径。同时，面对激烈的竞争，个人想取得成功也离不开与他人的合作，因而合作参与素养的养成是个人发展的内在需求。由此可见，合作参与素养统整了社会的需求和个人发展的需求。

（三）核心素养的维度

1. 人与工具

人与工具维度指的是个人能够运用语言、符号、信息技术等进行有效互动的核心素养。工具的恰当运用是人们改造世界的基础。在科学技术迅猛发展的今天，如何有效地利用我们所掌握的工具与技术，是处理好社会发展过程中矛盾的关键。语言运用和信息收集与处理是人与工具核心素养里的两个关键点。

（1）语言运用。语言运用素养是指交际者在掌握了一种语音、词汇和语法等基本知识和基本规则的前提下，能在特定的语言环境里按照一定规则准确、得体地使用语言进行交流、理解与创造性地表达。合理有效地运用语言，是个体在社会中存在并发展的前提基础。个体只有掌握了基本的语言知识、技巧与能力，才能够有效地生存于社会之中。

（2）信息素养。信息素养是指人们在信息社会中运用现代信息技术获取、利用、开发、评价和传播信息的修养与能力。21世纪是信息的世纪，如何能够高效地获取信息，并充分地开发和利用信息，是人们成功立足于社会的很重要的能力。

2. 人与自我

人与自我维度指的是作为具有社会性的个人，应该能够明晰自己的能力与目标、了解自己的权利和义务，以为自身更好地适应现代生活奠定基础。在现代社会发展过程中，人只有认清自己，才能够更好地生存与发展。人与自我维度主要包括自我理解、反思能力、创新精神及实践能力四个层面的内容。

（1）自我理解。自我理解素养是指个体对有关自己的思想和态度认知的概念系统，是对行为、感觉、思想等相关信念、态度的一定水平意识或知识。人对自我的基本理解，是人作为"人"的理念基础，"人"只有充分了解了自身的社会性存在，才能够更好地生存与发展。

（2）反思能力。反思能力素养指的是拥有自我反思的情感和意志力，对个体所见、所闻、所经历的事情具有批判性和探究性思考的能力，是反思活动能够顺利展开的心理素质特征的综合体。在现今社会发展过程中，反思能力扮演着日益重要的角色。人只有能够对自己的知识、行为做出恰当的反省与思考，才能够获得人生的进步。

（3）创新精神。创新精神是指个体在从事创新活动过程中所表现出来的智识和品质，是一种较为稳定的、积极的心理倾向，是一种勇于对旧思想旧事物进行质疑、创造新思想新事物的精神。创新是一个民族进步的灵魂，是一个国家兴旺发达的不竭动力。在科技迅速发展、全球化日益深化的今天，创新精神扮演着越来越重要的角色。

（4）实践能力。实践能力素养是指学生运用知识、技能顺利解决实际问题时具备的生理特征和心理特征的综合。从定义可以看出，实践能力包括知识、技能以及必要的心理品质，它是不同品质的综合体。在人的一生发展过程之中，人所习得的各种知识，最终都要付诸实践。由此，可见实践能力的培养所占的地位及其发挥的重要作用。

3. 人与社会

人与社会维度指的是人在社会生活当中为适应现代社会环境所表现出来的基本能力。人是社会性动物，"人"只有存在于社会生活场域之中才能够称其为"人"。人与社会维度包括合作参与、社会责任和国际理解三个层面的内容。

（1）合作参与。合作参与素养是指学生在学习、生活或社会关系中，为追求共同的目标，为了确保任务的顺利完成，以一种协调的方式一起行动而表现出来的个人态度、技能和品质的总和。现今的社会是一个合作型社会，有鉴于此，人们要养成合作参与的意识，培养合作参与的技能，以便能够在合作型社会当中得到更好的发展。

（2）社会责任。社会责任素养是指学生自觉承担与他人（家庭）、集体、社会、自然等方面的关系中应有的职责、任务和使命的情感态度和行为表现。其核心是学生认识到自己对社会的发展，乃至人类发展所应承担的责任。作为现代人，应该有必要的社会责任担当，履行相应的义务，做一个对社会发展有意义的人。

（3）国际理解。国际理解素养是指理解与欣赏本国及世界各地的历史文化，并深切地体认世界为一整体的地球村、营造多元文化共存、和平安定的人类生活环境的一种世界观，其主要表现是个体对于国际动态、多元文化、人类共同命运等方面的关切和认知。在全球化快速发展的今天，人们对国际社会、环境的理解与认知是立足于当今世界非常重要的因素。

（四）核心素养的价值

1. 适应社会诉求与技术的发展

教育通过培养人才不断推动科技更新、社会发展，同时，社会的发展与进步也会促使教育变革。因此，教育决策要符合社会需求，体现时代发展对人才培养的要求。现代社会是文化共荣、科技发达、提倡交流与合作的时代，核心素养体系中涉及的外语交流、符号运用与沟通表达、文化认同与国际化、团队合作与工作能力、科学技术素养、信息素养等素养都反映出知识经济时代的发展动态，体现出科学技术进步对人才素质的新要求。我国核心素养的提出正是在国际发展的趋势下，充分结合时代特色，聚焦人才培养的创新模式，使得我们培养的人在创新精神、实践能力、社会责任感等方面，都能有显著的提升。

2. 关注终身学习与全面发展

全面发展与终身发展是素质教育的根本宗旨，是各国制定核心素养的基本价值取向。现代社会知识的更新速度越来越快，学生只有拥有终身学习的能力，才不会被时代抛弃。"学科核心素养是学科育人价值的集中体现，因此，落实核心素养成为教学的必然要求。"[①]

终身学习要求学习者要能够依据个人学习需求、能力与具体情况，自定学习进度、选择学习方式，并进行自我导向的学习。强调学习的终身持续性、方式的多样性和学习的自主性，核心素养体系中的信息素养、阅读能力、媒体素养和改进学习的能力、独立学习能力、主动探究、自我反思、规划都有所体现。

国际组织及世界各国对核心素养的遴选不是局限于某单一学科的知识和技能，而是涉及学生全面发展所需要的知识、技能、态度和价值观等方面。例如，各国各地区核心素养体系中的指标大多都可按照经济合作与发展组织的架构划分，分为人与工具互动、人与自己互动、人与社会互动，从分类框架上就体现了其综合性，对学生的全面发展大有裨益。

3. 促进自我认同与自主行动

自我认同与自主行动就是指帮助学生建立明确的自我概念以及促使他们把自身的需要和愿望转化为有目的的行动。一方面，个人需要建立自我认同，并赋予生命以意义，合理清晰地认识自己、悦纳自己，明确自身的优劣势，从而发挥优势、规避劣势，明确发展方向。了解自我与发展潜能、反思能力、善良诚实等个人品质素养都体现了这一层面的价值。另一方面，在确认发展方向之后能自主行动也尤为重要。在这一价值层面上，核心素养的功能性指向明显，就是帮助学生实现问题的解决，在知识增加到了令人目不暇接、耳不暇闻、思所不及的时代，获得"鱼"不如掌握"渔"，领会学习窍门，增强实践能力，发扬创新精神，以不变应万变，主动积极地应对挑战。主动探索和研究、问题解决能力、

① 王海艳. 浅议核心素养在政治教学中的实施策略 [J]. 黑河学刊，2018（04）：130-131.

系统思考与解决问题、规则执行与创新应变等素养充分体现了这一点。

4.重视生活品质与生存质量

核心素养立足于适应现在及未来社会发展的需要，如同是高楼大厦的坚实根基，其稳固性决定了楼房的高度与坚韧度，因而，核心素养的培育对人的终身发展具有至关重要的奠基与导向作用，关乎个体的生活品质和生存质量。

核心素养除了满足个体立足社会、生存发展的必备能力需求之外，还涵盖学生的个人品质、文化素养和精神境界，影响着他们与社会、自然的相处和互动方式，也决定着日常生活的品位和品质，为个人追求其生活目标提供支持，真正体现着以人为本的教育思想。

除此之外，核心素养帮助个人提升公民意识，促进个人与社会环境自主互动，拥有成就感和愉悦感，例如，核心素养体系中包含的语言交往能力、合作能力、表达能力等。因此，核心素养不仅满足个人包括学习、工作、生活在内的各个领域的重要需求，而且使个人与他人建立起亲密的关系，更好理解他人和自身所处的世界，与社会展开良性互动，从而拥有美好的生活。

第二节　高中思想政治核心素养的内容

一、政治认同

政治认同是人们在长期的社会政治生活中形成的一种归属感。政治认同是在社会中，人们常会在一定的社会政治关系中确定自己的身份，如把自己看作某一国家或某一地区、某一阶级或某一政党的成员，并自觉或不自觉地以某一政治角色的要求来规范自己的行为。政治认同的对象涵盖国家、民族、政党、政府、民族、文化等多个方面。通过高中思想政治课程的学习，学生要达到的政治认同主要表现为对政党、中国特色社会主义、社会主义核心价值观等方面的认同。

第一，政党认同是公民政治认同的关键。政党认同是关于党是什么，"我"和党是一种什么样的关系。对政党的认同不仅仅是指党员对党的认同，而且也是人民对党的认同。在我国，培养高中学生的政党认同，主要是引导学生积极拥护党的领导。中国共产党是最高政治领导力量，也是当代中国最核心的竞争力要素。中国特色社会主义的本质特征是党的领导，最大的优势也是党的领导。中国特色社会主义之所以能够快速平稳发展、取得巨大成就，之所以能够经受得住市场化、全球化和信息化的考验而立于不败之地，从根本上都是因为中国共产党领导的不断完善与加强。中国共产党的存亡与国家的前途、民族的复兴紧密相连。可以说，培育学生政治认同的关键是提升学生对中国共产党的认同。

第二，中国特色社会主义认同是公民政治认同的主要表现。对中国特色社会主义的认同主要包含对道路认同、理论体系认同和制度认同。中国特色社会主义道路是立足于我国实际，在改革开放的探索中逐步形成的，是实现国家富强、民族繁荣、人民幸福的正确道路；中国特色社会主义理论体系紧密结合新的时代条件和实践要求，生动、具体地坚持了马克思主义基本原理，开辟了马克思主义理论的新境界；中国特色社会主义制度的本质与核心是实现人民当家做主，对中国特色社会主义制度的认同，就是公民对这一制度正义性的价值认同。通过高中思想政治课教学来培育学生对中国特色社会主义的认同，对于学生个人的成长、国家的发展与社会的进步都有着重要意义。

第三，社会主义核心价值观认同是公民政治认同的基本点。现阶段社会主义核心价值观中，"富强、民主、文明、和谐"是我国社会主义现代化的建设目标，是党在初级阶段的基本路线的落脚点，它明确了中国将走什么样的路，建设什么样的国家；"自由、平等、公正、法治"是党和国家倡导的社会原则与基本理念，是公民社会层面的价值追求；"爱国、敬业、诚信、友善"是公民个人层面的价值诉求，是个人的立身之本。社会主义核心价值观反映了时代的呼唤和社会实践的需要，有利于高中学生的理解与践行。高中阶段的学生思想活动呈现出多变性、反复性、矛盾性等特点，他们在面对一些腐朽、落后思想时，容易出现价值错位和价值混乱。因此，思想政治课教师要积极发挥思想政治学科在价值观层面上的引领作用，帮助学生把社会主义核心价值观作为自身的价值判断和行为准则，进而形成自己的信仰。

总之，从目标上看，培育学生政治认同素养旨在使学生成为"有信仰的中国公民"，通过思想政治课教学，逐步指引学生认可和接受我国的道路选择、理论发展和制度安排，认可社会主义核心价值观，使学生树立强烈的爱国情怀、国家意识和公民意识；从地位上看，政治认同素养关乎学生的成长方向和理想信念的确立，是支撑国家认同、民族认同、文化认同的基石；从与中国学生发展核心素养体系的关系来看，政治认同是"国际理解""国家认同"基本点在政治层面的具体化。

二、科学精神

科学精神主要指人所持有的理智的、自主的、反思的、实事求是的思维品质和行为特征。我国公民的科学精神就是坚持马克思主义的科学世界观和方法论，面对个人成长、社会进步、国家发展和人类文明选择时能够进行正确的价值判断和行为选择。

第一，从世界观和方法论上看，科学精神要坚持马克思主义的科学世界观和方法论，也就是要坚持辩证唯物主义和历史唯物主义。坚持实事求是、一切从实际出发，坚持从对象上看，它重点关注的是面对是非对错、美丑善恶时的价值判断和行为选择，既包括对自我个人成长的价值判断和行为选择，又包括对社会进步、国家发展和人类文明的价值判断和行为选择。

第二，从结果上看，个体做出的价值判断和行为选择必须是正确的。所谓正确，就是符合事物发展规律，符合人类社会发展规律。如果做出的判断和选择违反事物发展规律、违反社会发展规律，那么这种判断和选择就是错误的。

第三，从学科育人价值的角度看，科学素养聚焦于学生正确价值取向和辩证思维品质的培育养成，要求学生在深入研究新情况、不断解决新问题的实践中，能够坚持实事求是的思想方法，运用矛盾分析法观察和处理问题，独立思考，有所作为。提升和培育学生的科学精神素养，有利于帮助学生理性地追求自己的合法权益和生活理想，有利于提升学生的精神境界，有利于提高学生的政治素质。

三、法治意识

法治意识是法治的精神品格和观念性要素，又称为法治观念，法治精神。现代法治意识的内涵十分丰富，在实质上包含和体现了现代商品市场经济和社会主义民主政治的所有观念和价值形态，程序与规则意识、权利与义务观念、平等与公正意识、理性精神、自由精神等都蕴含在法治意识之中。法治意识主要意味着人们把法律视为社会生活的基本准则，承认法律的统治，服从法律的权威，信仰法律。我国公民的法治意识，就是尊法学法守法用法，自觉参加社会主义法治国家建设。具体来说，在思想政治学科中，法治意识素养主要包括规则意识、权利与义务意识、平等与公正意识三个方面。

第一，规则意识。规则意识是法治意识的基础。规则意识是指个体自觉地将规则作为自己行动准绳的意识。比如说遵守规章制度、遵守社会秩序、遵守学校规则、遵守游戏规则的意识。对规则的提倡和遵守，就个人而言，有利于养成良好的行为习惯；就集体而言，有利于创造融洽的氛围与环境。高中阶段的学生处于叛逆期，他们虽然已经具备一定的规则意识，但是对规则的认识还停留在一种感性或感觉的层次，缺乏遵守规则的愿望和习惯。因此，在教学中，高中思想政治课教师要帮助学生认识到：规则不是牵制人们手脚的枷锁，而是指导人们步入文明社会的方式；严格的自律是实现自由的保障。总之，高中思想政治课教师要引导学生自觉树立规则意识。

第二，平等与公正意识。平等与公正意识是法治意识的灵魂。当代社会，平等与公正不仅是一句激进的政治口号和一面具有巨大号召力的旗帜，更是衡量社会进步与政治文明的价值标杆。平等的核心是法律面前人人平等。法律面前人人平等又包含三个方面，即依法行使权利和履行义务、平等地受到法律的保护和反对特权，与此相对应，公民的平等意识也应涵盖这三个方面。因此，在培育学生平等意识时，教师应重点关注这三个方面的价值引领。公正是法治的内在要求，也是法治意识的重要理念之一。只有当公民普遍认可法律规范的公正性时，法治意识才能在社会范围内得到确立，反之亦然。总之，平等与公正意识的培养对于学生树立法治意识至关重要。

第三，权利与义务意识。权利与义务意识是法治意识的核心。法治意识的本质就是不断衡量权利与义务的关系，明确谁有权利、谁有义务以及权利与义务的界限。权利与义务是有机构成、相辅相成的两个方面。在法律上，公民在享受权利的同时必须承担相应的义务。公民对法治的认同、崇尚与遵循最终是要通过享受法定权利和履行法定义务来实现的。公民增强权利意识，有利于维护个人权利，使个人有尊严地生活，进一步促进国家民主与法治进程。公民增强义务意识，依法履行义务，自觉承担社会责任，既是实现个人权利与价值的重要条件，又能促进社会进步与发展。

总之，从目标上看，培育学生法治意识素养旨在使学生成为有尊严的中国公民。法律面前人人平等，人们是否有尊严并不取决于财富多少、地位高低，而是取决于法治，唯有法治国家才能让公民真实地拥有尊严，唯有法治意识才能使每个人真正地享受尊严；从地位上看，法治意识是高中思想政治学科核心素养中的基础性要素，是"公共参与"的必要前提，也是"政治认同"和"科学精神"的必然要求；从与学生发展核心素养体系的关系看，法治意识是"社会责任"基本点的体现，是"社会责任"在法律层面的具体化。

四、公共参与

从政治学角度来看，公共参与主要表现为公民的政治参与。公共参与的核心是参与政治生活和政治决策，从公共管理的角度看，公共参与是公民或社会成员对公共空间（包括家庭公共空间、社区、社会公共空间）中涉及他人利益或公共利益活动的分享及主动介入。无论是从政治学角度还是从公共管理学角度看，对公共参与这一概念的界定，大致都包含三个基本要素：即"谁参与""怎样参与""参与什么"。基于此，可将公共参与素养界定为：公民利用各种合法途径与方式，有序参与公共事务、依法理性表达诉求、积极行使政治权利，影响公共活动与决策的知识、能力与态度。公共参与素养涵盖以下三个方面：

第一，公共参与知识。理论是行动的先导，学生的公共参与素养不是自发习得的，而是需要依赖于一定的公共参与知识。学生要了解与公共参与相关的社会事实，比如，了解公民的基本政治权利与义务；知道相关政府机构的性质与职能；熟悉公共参与的社会环境，并能从整体上把握我国社会公共生活的构成与体系，等等。此外，学生要了解公共参与的途径、方法和规则。公共参与知识是习得公共参与素养的条件，它事关公众参与能力的施展和公共参与意识（态度）的内化。

第二，公共参与能力。学生仅仅了解与公共参与相关的社会事实和公共参与的方式、途径与规则是远远不够的，还需要掌握与公共参与相关的能力。公共参与能力主要包含学生提取公共参与知识的能力、对社会公共问题的观察与分析能力、流畅表达自身诉求的能力、对社会公德及法律规则的掌握能力、对公共参与途径与方式的创新能力等。公共参与属于社会实践范畴，学生需要通过参加社会实践，在真实情境中来锻炼和提升公共参与能力。

第三，公共参与态度。公共参与态度是学生"能参与"的前提和基础，往往一个人有着怎样的公共参与态度，就有着相应的公共参与行为。公共参与态度是个体内在的心理状态，主要表现为公民对各项公共事务参与的愿望和热情。要想让学生积极进行公共参与，要做到：①提高学生对公众参与意义的认识，使学生充分认识到公众参与不仅关系到个人的前途与命运，也关系到社会、国家、民族的发展和未来；②创造一个学生都想参与的氛围和环境，通过融洽的环境来激发学生公共参与的热情；③建立激励学生公共参与的评价激励机制。在学生升学、评优的过程中，把公共参与水平作为评价的重要依据。同时，高中思想政治课程教学对高中学生公共参与素养的培育也应注重从态度、知识、能力等多方面着手。

总之，从目标上看，培育学生公共参与素养旨在使学生成为新时代"有担当民族复兴大任"的公民，新时代的公民有没有信仰、有没有思想、有没有尊严，最终要表现为有没有担当；从地位上看，公共参与素养是"政治认同""科学精神""法治意识"的行为表现，公共参与素养的培育不仅关系到公民依法行使权利和履行义务的行动力，也关系到人民作为国家主人的使命和责任担当；从与中国学生发展核心素养体系的关系上看，公共参与素养是"社会责任"这一基本点在实践层面的具体化。高中学生已经具备一定的行为能力，积极的公共参与有助于他们发挥主观能动性，充分锻炼自身的实践能力，增强对事物的认知和辨析能力，培养沟通和协作能力，促进对国家和社会生活进行全面、生动的认识。

第三节　基于核心素养的高中思想政治教学设计

一、基于核心素养的高中思想政治教学目标制定

（一）高中思想政治学科核心素养与教学目标的关系

1.思想政治学科核心素养是制定教学目标的指南

高中思想政治课程的课程目标是要培育学生思想政治学科核心素养，回答了思想政治课程"培养什么样的人"的问题，对于制定教学目标具有重要的指导意义。课程标准中提到具体教学目标的制定应该聚焦学生思想政治学科核心素养的发展。在教学实践中，为了落实思想政治学科核心素养，就必须将培育学科核心素养的课程目标细化成可操作的教学目标，以思想政治学科核心素养为统领。因此，思想政治学科核心素养是制定教学目标的指南。

2.思想政治学科核心素养是教学目标的归宿

制定科学合理的教学目标最终的着落点是为了达成课程目标，即落实思想政治学科核心素养。思想政治学科核心素养的落地不是一蹴而就的事情，它离不开一系列教学目标的达成，思想政治学科核心素养的培育需要通过每一节课教学目标、每一单元教学目标、每一学期教学目标的积累和达成才能够实现，教学目标的达成效果影响着课程目标达成的时间和程度。因此，在制定教学目标过程中要以思想政治学科核心素养为着落点，制定指向学科核心素养的教学目标。

3.教学目标是思想政治学科核心素养的载体

要实现对学生思想政治学科核心素养的培育必须在教学目标留下印记。思想政治学科核心素养是学生通过思想政治学科学习而形成的，其落实需要经过具体的思想政治课教学，思想政治课教学的开展需要教学目标的指引，因此，教学目标需要将思想政治学科核心素养的具体要求考虑在其中。教学目标是思想政治学科核心素养的载体，教学目标中对思想学科核心素养的体现，很大程度影响学生素养的达成。这就要求在制定教学目标时要将思想政治学科核心素养融合于教学目标之中，使教学目标整体指向思想政治学科核心素养。

（二）高中思想政治课教学目标制定的基本原则

1. 发展性原则

教学目标制定要遵循发展性原则，要求教学目标随着具体教学情况、社会发展、学生成长等因素不断变化更新。随着时代的发展、学生身心特点的发展以及思想政治学科知识的不断更新，教学目标制定过程中所要考虑的制定依据是变化着的，不同的历史发展阶段和学生成长阶段所制定的教学目标有所不同。发展性原则还要求要处理好预设与生成的关系，在制定教学目标过程中要保留给教学目标一定的生成空间。教学目标是对教学活动要达成结果的预期，但教学过程是动态变化的过程，教学活动的开展过程具有不确定性，这种不确定性会使得在教学过程中生成预料之外的结果。因此，高中思想政治课教学目标的制定要遵循发展性原则，将其制定过程看成是发展变化的过程，在动态变化的教学活动中预设和生成教学目标。

2. 整体性原则

高中思想政治课教学目标的制定要遵循整体性原则，这里的整体性有两个方面的要求。一方面，教学目标层级之间的整体性要求，在教学目标体系中学期、单元、课时教学目标之间呈现一定的层次性，它们是相互关联的有机整体。不同层次的教学目标有机结合，整体地实现课程目标，因此，在制定教学目标时要考虑其整体性，例如，在制定某一课时教学目标时要考虑到该课时目标与本单元教学目标、本学期教学目标的内在联系，从而整体制定课时教学目标。另一方面，整体性原则要求教学目标要有机整合知识、能力与情感态度价值观维度，从而有机指向学科核心素养。指向学科核心素养的教学目标是对知识、能力和情感态度观的整合，且思想政治学科核心素养四个要素之间是有机统一的关系。因而在制定教学目标时，要将思想政治学科核心素养的四个要素看成有机整体，并对"三维目标"进行有机整合。

3. 阶段性原则

学生的学科核心素养形成不是对某个知识点或一节课、一个单元的学习就能达到的，而是一个循序渐进的过程。在制定教学目标时要考虑到教学目标是阶段性的教学成果预期，高中思想政治课教学目标的制定应该考虑其阶段性，遵循学生的身心发展规律，突出每个阶段的重点，并且使这些阶段具有一定的连贯性。教学目标要注重贴合学生实际，教学目标定得过高或过低都不利于其达成效果，应设计合理的发展层次使学生拾级而上，不断向思想政治学科核心素养水平迈进。

4. 可操作性原则

教学目标是依据具体的学生群体、具体的教学内容等制定的，可以通过教学活动的实施而得以实现，具有相当程度的可操作性。为了教学目标能够达成，就必须以课程目标为依据，将其具体化为可操作、可测量的教学目标，以便于在教学实践中去实施和操作，教学目标应避免含糊不清和不切实际。在陈述教学目标时通常会借助行为动词来表达，从而使教学目标能够通过可测量的行为来观察落实情况。但需要注意的是，并非所有的教学目标都能用可操作、可测量的方式来表现，外显的可测量行为也未必是教师和学生内在的真实所想。

在明晰思想政治学科核心素养与教学目标的关系，以及制定高中思想政治课教学目标的基本原则基础上，依据对新课程标准的分析，确定了基于学科核心素养的教学目标制定程序为：分析制定依据—分层教学目标—明确基本要素—整体陈述教学目标，这样的教学目标制定程序综合考虑了多方面因素的要求，从整体上指向学科核心素养。

（三）高中思想政治教学目标的制定程序

1. 分析教学目标制定的依据

（1）研究教材内容。教材的编写依据课程标准，是课程标准的具体体现，思想政治教材是进行思想政治课教学的基本依据，可见分析教材内容对制定教学目标的重要性。自新课程标准发布后，思想政治学科发布了统编版高中思想政治教材，教师更应结合新课程标准来对新教材进行分析，从整体上对教学内容的逻辑结构进行把握，从细节上对具体内容进行分析，最后将教材内容转变为教学内容。

第一，分析教材内容的逻辑结构。教师在制定教学目标时，明确课程标准与教材的关系，结合课程标准从整体上对教材内容进行把握，分析思想政治教材的整体编排体系和知识结构；理清各单元之间的逻辑关系，明确各单元的核心内容；用"宏观视野"分析具体内容在一个单元、一个模块甚至整个课程教材中的地位和作用。在分析教材内容时，教师要注重教学目标的层级性，在制定学期教学目标时，结合教材着重分析学生经过整个学期的学习应该达到的预期学习结果。在学期教学目标要求下，制定单元教学目标要分析该单元内容在整个模块教材内容中的地位和作用，以及与其他单元的逻辑关系，根据单元的核心内容来制定单元教学目标。在单元教学目标指引下，课时教学目标的制定既要从微观上分析具体的教材内容，也要从宏观上分析具体内容在整个单元以及模块中的地位和作用。教材内容之间具有一定的逻辑性，分析教材内容要注重内容之间的上下相互关联，互相照应，使所制定的教学目标具有层次性。

第二，转变教材内容为教学内容。教材内容是课程内容的"教材化"，教学内容是教材内容的"教学化"。在新课程理念下，教师要力求将教材内容转变为教学内容，即对教材内容进行一定的加工，更新教材内容。高中思想政治课程是一门时代性强的学科，这就要求承担着育人使命的高中思想政治课教学要与实际生活相结合，体现时代性的课堂才是鲜活、生动的课堂。思想政治教材内容具有一定的稳定性，其更新需要一定的周期，将教材内容转变为教学内容，将会弥补教材内容更新不及时的问题，进一步丰满和更新思想政治课教学内容。因此，教师可以根据课程标准、学生情况、最新的政策文件规定等，对教材内容进行必要的、合理的增删或重组。依据更新后的教学内容制定教学目标更符合思想政治学科本质，利于学生更新知识结构，体现思想政治课教学的时代性。

（2）研究学生情况。学生是课堂教学的主体，任何教学目标最终都是为了学生的身心健康发展，尽管在教学过程中，教师也获得一定程度的发展，但学生的发展是最根本的。制定教学目标要坚持"以人为本"的理念，了解学生的实际情况，注重学生发展。

第一，了解学生的认知基础。认知基础主要是指学生已有的知识经验和反映知识经验质量的认知结构。也就是说教师不仅要了解学生已经掌握的知识，还要了解学生对知识的掌握质量，即对知识的理解程度是否与相关知识建立起了联系。了解学生的认知基础，利于教师在制定教学目标过程中对有些学生已经熟练掌握的内容进行删减，对学生掌握质量不高的知识经验进行强调。教学目标的制定建立在学生的认知基础上，使得在进行教学实施时，关注学生认知基础的教学目标更能调动学生的思维参与。反之，若教师没有关注学生的认知基础，将学生熟练掌握的知识作为教学目标的重点，不利于激发学生的学习兴趣。学生已知什么、想知什么，什么是难点，教师在制定教学目标时要做到心中有数。

第二，了解学生的情意、态度情况。学生情意、态度方面的情况包括其学习动机、态度、兴趣、个人性格等，这也是教学目标的组成部分。稳定的动机、兴趣、端正的态度和积极向上的性格倾向都是完整人格的一部分。教师在与学生的接触过程中对学生的情意、态度情况进行了解，对教学目标的制定和教学活动的开展都具有重要的意义。特别是学生的情感、态度、价值观方面，情感、态度和价值观既是学生学习的动力，影响着学生对思想政治课程学习的投入程度和效果，又是教学目标的重要内容。如若学生在某方面认知的态度不端正，做出错误的价值判断，则教师就需要在教学目标中有所突出和侧重。同时，教师也需要对学生的兴趣爱好进行关注和了解，制定教学目标时考虑学生的兴趣爱好有利于在教学过程中诱发学生思考，学生更易主动去交流和感悟提升。

第三，关注学生的发展需要。高中思想政治课教学目标的制定要与学生的成长规律相适应，为学生的全面发展和终身发展而服务。我国的教育旨在培育德智体美劳全面发展的人，强调立德为先，树人为本，高中思想政治课教学必须在这样的教育方针下进行，教学目标的制定要考虑到对学生全面发展的促进作用。此外，教学目标还须考虑到为学生的终身发展需要而服务，学生在高中阶段逐渐有了对未来的规划意识，无论学生在高中阶段结束后是继续进行学业，还是进入社会参加就业，都需要对其思想政治学科核心素养培育做出努力。高中阶段对学生进行思想政治学科核心素养培育为学生今后树立正确的价值观，外化成促进社会发展的行为表现具有重要意义，可能会影响学生的一生。因此，制定高中思想政治课教学目标要站在对学生全面发展和终身发展有利的基点上进行。

第四，明晰学生的素养发展路径。学生的素养培育不是一蹴而就的事情，学科核心素养是学生通过学科学习而形成的正确价值观、必备品格和关键能力，是学生在解决不同复杂程度情境的过程中逐渐形成的。高考评价体系中提出，素养是在复杂情境中对知识和能力的综合运用，是形成素养的必要前提。学生素养的基础层由必备知识、技能和必备品格构成；随着解决程度更复杂的情境任务进阶形成必备能力、经验、态度及价值取向。学生素养的形成是层层进阶的发展路径，关键能力的形成离不开必备知识和技能的学习，必备知识和技能是学生形成关键能力的基础，必备品格随着解决复杂程度更高的情境问题进阶形成态度及价值取向，态度及价值取向使得必备知识、关键能力、经验等向正确方向发展。可见，学生的素养是必备知识、基础技能、品格、关键能力、情感态度等要素综合运用的结果，这些要素有机融合，共同发展，才会促进学生素养的发展。

根据学生的素养发展路径，教师在制定教学目标时要注意学生的素养培育是在复杂程度不同的情境下对知识、技能、能力、态度等的综合运用，且要使学生向正确的价值取向发展，因此，不能忽视对学生情感态度价值观的培育。指向思想政治学科核心素养的教学目标是对知识、能力和情感态度价值观的整合。教师不应忽视任何一个维度，只有整合并超越知识、能力和情感态度价值观才有利于学生的素养发展，教师应根据学生的素养发展路径制定出能够助力于学生全面发展和终身发展的教学目标。

（3）考虑教学时间与环境等因素。教学活动的开展离不开时间和空间的制约，制定教学目标除了要分析课程标准、教材内容、学生情况这些基本依据外，考虑教学时间和教学环境的制约也是必要的。考虑教学时间和教学环境对教学目标的影响，有利于充分调动教学环境中的有利资源来制定更具操作性、更符合实际的教学目标。

第一，考虑教学时间的制约。教学活动的开展不能置身于时空之外，在制定教学目标时要考虑到教学时间的制约。教学时间是一种有限的、不可再生和储存的稀缺教育资源，开展教学活动、实现教学目标都离不开一定时间的保证。教学目标的制定必须考虑教学时间的长短，倘若是一节课的时长，所制定的课时教学目标就应是符合课时要求的，而不是制定在一节课所达不到的、不合理的教学目标。此外，一节课的教学时间有限，在制定教学目标时要对目标有所侧重，对思想政治学科核心素养的四个要素应结合教学内容有侧重和突出。相反地，在制定教学目标时把四个要素都囊括，做到面面俱到就会显得教学目标臃肿，没有突出重点，教师也无法做到通过一节课的时间就能使四个要素一一落实。为了避免这种情况，应该在一定教学时间的制约下，结合教学内容和学科核心素养有针对性、有所侧重地制定教学目标。

第二，考虑教学环境的影响。教学是在一定的教学环境中，开展有目的、有计划的教学活动，并认识和体验世界，教学过程离不开一定的环境条件。教学环境是学校教学活动所必需的主客观条件的总和，包括有形的环境、设备和无形的教学气氛。有形的环境指校园内的设施、教学设施和班级的设置等。无形的教学环境包括教师的教学理念、师生关系、课堂教学气氛等。教学设施条件好的学校，教师可以充分利用多媒体设备，使用视频、音乐、图片等能够调动学生感官的资源来进行教学设计，这样更有利于教学目标的达成。在学生座位的设置利于开展小组讨论的班级，教师可以在课堂教学中使用小组讨论的方法来调动学生的合作意识和思维活力。所以，在制定教学目标时，教师要充分考虑到教学环境的制约，考虑当前的教学环境对教学目标达成效果的影响。

2.对教学目标进行层次划分

教学目标应具有层次性，不同层次的教学目标决定了教学方式和教学情境选择的差异。在对制定教学目标的依据进行分析后，综合所得的信息对教学目标进行水平分层，明确教学目标的层次有利于引导思想政治课教学按层次区分不断地深入，向思想政治学科核心素养水平迈进。将教学目标进行分层是适应学生素养发展路径的要求，有利于促进知识、技能、能力、情感态度等要素共同发展、层层递进，进阶发展成学生素养。

（1）以学业质量标准为基准。学业质量标准对学生在完成思想政治学科学习或某一模块学习之后应该具备的思想政治学科核心素养，以及在这些素养上应该达到的表现水平做出了明确的界定和描述。思想政治学科学业质量可以划分为四个水平等级，包括阶段性评价、学业水平合格性考试和学业水平等级性考试命题的关键。课程标准中还提出为了体现教学与评价的一致性，要力求将学业质量转化为具体的教学要求。这是将学业质量标准作为教学目标分层维度的依据，学业质量标准结合学科内容对学生思想政治学科核心素养不同水平的关键行为表现做出了描述，在制定教学目标时要将具体的教学内容结合学业质量标准、思想政治学科核心素养划分来进行综合分析，使教学目标具有层次性。此外，以学业质量标准为基本标准进行教学目标制定，有利于为教学后的学业质量评价提供参考。

（2）以情境为素养展现平台。思想政治学科核心素养就是看学生能否运用学科内容应对各种复杂社会生活情境的问题和挑战。不同的学业质量水平对应不同的情境类型，情境是思想政治学科核心素养表现的行为条件，行为条件是教学目标的基本要素之一，可见将情境作为教学目标分层维度的重要性。制定教学目标要将教学内容与情境类型相结合来对学生的行为表现做出预期。课程标准中根据情境的复杂程度将情境划分为四个类型，分别是简单情境、一般情境、复杂情境和具有挑战性的复杂情境。情境的复杂程度与学业质量水平和学科任务的完成质量都有关联，情境的四个类型分别对应学业质量标准的四个水平，情境的复杂程度和新颖程度将会影响学科任务的完成质量。教师应在确定学业质量水平的前提下，分析学业质量水平所对应的情境类型，从而确定教学目标中行为表现所依托的情境类型，即行为条件。

（3）以教学内容关联学科任务。不同学科任务适合诱发思想政治学科核心素养的不同行为表现，学生对于描述与分类、解释与论证、预测与选择、辨析与评价等学科任务的执行就是其关键行为的表现，也就是将内在学科核心素养水平外显为行为表现。学生对学科任务完成得越好，说明其表现出的关键能力越好。因此，基于学科核心素养的教学目标制定离不开对学科任务维度的考虑，教师需要将教学内容与学科任务关联起来，根据教学内容巧妙地选择学生需要完成的学科任务。学科核心素养的发展水平可通过学生对学科任务的完成质量来度量，将教学内容关联学科任务来制定教学目标有利于测量学生对于教学目标的达成情况。

（4）以学科核心素养为指向。在教学目标制定过程中情境、学科任务、学科内容相互统一、相互协调，共同作用反映学生的思想政治学科核心素养水平，情境类型、学科任务和思想政治学科核心素养要求共同成为教学目标水平分层的维度。思想政治学科核心素养是教学目标制定的起点和归宿，教学目标的制定、实施是为了能够实现对学生思想政治学科核心素养的培育。高中思想政治课教学目标的制定需要分析情境、学科任务、学科内容与思想政治学科核心素养之间的关系，明确它们之间的关系才能更好地对教学目标进行分层，细化教学目标。

情境、学科任务、学科内容与思想政治学科核心素养的关系可以总结为：学科内容只有与具体情境相结合才能实现素养价值，对学科任务的执行能够外显出学科核心素养水平。此外，学业质量标准又与学科内容、思想政治学科核心素养水平相关联，思想政治学科核心素养水平与具体的学科内容结合体现出学业质量水平。学业质量标准、情境类型、学科任务和学科内容之间相互联系，它们相互关联并共同指向思想政治学科核心素养。

综合以上的关系分析，将教学内容与学业质量标准、学科任务、情境类型、思想政治学科核心素养这四个维度关联起来进行教学目标分层，实际上就是将思想政治学科核心素养细化和具体化到教学目标中的过程，最终整体指向思想政治学科核心素养。从思想政治学科核心素养出发来制定教学目标，最终又落脚于思想政治学科核心素养的培育，教师要理清以上几个维度之间的"映照"关系和层层细化的结构，这有利于所制定的教学目标最终指向思想政治学科核心素养。

3.有机整合融入学科核心素养

在分析制定依据、分层教学目标和明确基本要素后，需要将所得的全部信息进行整体结构化。在整体陈述教学目标过程中需要将思想政治学科核心素养融入其中，并在陈述后综合多方面意见进行优化完善。

（1）陈述教学目标。在明确教学目标的四个要素后，需要对这些要素进行整合，进行总体表述。陈述教学目标的一般模式是"行为条件＋行为主体＋行为表现＋表现程度"，即描述"学什么""怎么学""学到什么程度"。需要注意的是：在实际的教学目标制定过程中教师切忌完全机械化地按照行为目标标准设计和表述教学目标，采用"ABCD"四要素法并不意味着陈述教学目标时四个要素都必须一应俱全。教学目标的四个基本要素除了行为表现要素，其他要素都可以根据具体的教学情况和教学内容来进行灵活选择和表述，教师要根据教学目标的要素把陈述教学目标的句子理清逻辑顺序。对于描述学生内部心理变化的目标要采用"内外结合表述法"，为内部心理变化提供可观测的依据。

总体陈述教学目标还要求将教学目标看作一个整体去进行结构化。教师需要理解思想政治学科核心素养与"三维目标"的关系，从横向角度看，高中思想政治学科核心素养包括了政治认同、科学精神、法治意识、公共参与四个要素；从纵向角度看，每个要素均涉及知识、能力、情感态度价值观。因此，指向思想政治学科核心素养的教学目标，无须再将教学目标按照知识、能力、情感态度价值观这三个维度分条陈述，而是要将三个维度融入思想政治学科核心素养各要素中，将思想政治学科核心素养作为出发点和落脚点。

此外，教师也不能将教学目标与思想政治学科核心素养四个要素一一对应陈述，这样机械地割裂表达教学目标是没能清楚地认识到思想政治学科核心素养的综合性、整体性特点。教师要根据教学内容对思想学科核心素养的要素有所侧重，对教学目标整体表述，最终指向思想政治学科核心素养。

（2）优化教学目标。教学目标的最终确定需要经过"剪裁优化"的过程。教学目标不是固定不变的，在包括教学目标、教学过程等方面的教学设计完成后，经过教学实施，教师可根据教学效果、学生的反馈、教师自身的反思、同行建议等多方面去修改和完善教学目标。不断优化完善教学目标的过程是将预设与生成相结合的过程，教学是一个动态变化的过程，在这个动态变化的过程中学生可能会有新的思想、新的收获超出教师的预期，这些都属于生成性资源。对课堂教学中师生双方互动所产生的意外结果进行分析后优化完善教学目标，使得教学目标更符合教学实际。

二、基于核心素养的高中思想政治教学内容设计

"高中阶段教育，是国民教育体系的重要组成部分，是衔接义务教育和高等教育的重要环节，具有承上启下的重要作用。"① 高中思想政治课教学内容要加强学科本身与社会生活、学生经验以及其他学科之间的联系，以学生实际生活为主题、学科知识为支撑、跨学科知识为延伸，使教学内容呈现出生活性、实践性、综合性的特点。

（一）以学生实际生活为主题

教学内容与学生经验生活相融，在实际生活中展现学科知识的实用性。知识若不能纳入学生的经验生活中去，则会变成纯粹的语言文字，毫无意义。因此，生活化教学内容对学生发展具有重要意义，思想政治学科核心素养的培育必须以生活化的教学内容为主题，在具体的生活情境中培养学生的政治认同等学科素养，增强学生与社会、自身相处的能力。因为学生的生活为其学习活动提供了丰富而生动的实际经验，这些经验完全可以成为学生观察、思考和解决问题的感性素材，稍加引导便会升华为学生的思想政治素养。

以往的政治学科教学内容注重学科知识体系的传授，对学生生活经验和情感体验的挖掘是不够的，因此，在一定程度上弱化了学生的学习兴趣和经验理解。所以，教学内容要注意挖掘社会素材，连接学生实际生活，增长学生的社会见识和学科兴趣。例如，在《经济与社会》模块中，会涉及生活与消费相关知识的教学，在这里，就可以有意锻炼学生的财商意识，特别是后面对投资方式的介绍和了解，可以请银行部门或者基金部门的人员来给学生开展一个讲座，帮助他们拓展相关知识，这些知识对学生以后的生活和职业规划会产生极为重要的影响，凸显教学内容与学生实际生活相融的主题。

1.选择贴近学生生活的教学内容

教师要精选贴近学生生活、符合学生生活需要的教学内容。高中思想政治学科自身有严密的逻辑体系和丰富的知识内容，但是培育高中思想政治学科核心素养显然不能仅仅以系统而完整学科的理论体系、知识内容为教学内容，这样的教学只是增加了学生对学科知识的记忆负担，并不能满足学生的生活需要和发展需求，也不利于学科核心素养的培育。因此，要在理论知识与学生需要之间建立平衡，改变生硬的理论灌输模式，建构真正符合学生认知规律和发展需求的教学内容。

以"中国共产党执政是历史和人民的选择"这一知识点来说，教师需要从历史的角度探索中国共产党从建立到执政的过程，要求我们的教学内容要从学生的生活出发，开展地区红色文化宣传，革命遗址参观，以真实的共产党人的事迹为素材，让学生在真实的人物

① 李建民."全面普及高中阶段教育"的内涵释要与路径选择 [J].教育研究，2019，40（07）：73.

事迹中自觉辨别所学知识的真伪性，在此基础上帮助学生理解中国共产党的先进性质，从认知、情感和价值观上认同中国共产党的执政方式，自觉培育政治认同素养。

2. 选择带有时代印记的生活内容

教师要选择带有时代印记的社会生活内容，赋予教学内容以时代性的特征，增强学科教学的实用性。

目前，国际国内社会形势处于急速变化的过程中，而政治课的教学内容若不能跟上时代的发展变化，很容易被学生所厌倦。思想政治课教师要努力关注时政事件，引入时政事件，在教学过程中及时介绍时政信息，提高理论联系实际的能力，透过与人们息息相关的生活来折射理论存在的魅力。以当下社会生活中正在发生的重大事件为引子，能够实现理论与现实生活的内在勾连，增强理论与现实的契合度，开阔学生视野，激发学生学习兴趣。

社会在进步，时代在发展，教育内容也要逐步更新，理论是服务于现实生活的，不能让其掣肘现实生活。以分配制度的讲授为例，可以通过一家人的收入来源进行实例解析，结合学生的生活实际，知识点尚且容易理解。而收入分配与社会公平的关系，尤其是效率与公平之间辩证的关系，教材上的讲解较为抽象，需要教师结合社会实例，比如，可以从宏观上结合国家建设和注重社会保障的例子，微观上结合企业注重经济效益和员工福利的例子来贴近学生的生活，帮助学生理解。

3. 以学生生活为主题，突出学生主体的地位

教师要以学生生活为主题，突出学生主体的地位，倡导自主学习。高中思想政治课虽然大部分内容与实际生活相关，但仍有部分内容过于抽象，比如，哲学部分的唯物辩证法、历史唯物主义，理论本身是深刻的，有魅力的，但是如不能切实指导学生生活，与学生的生活实际发生联系，那么学生也会渐渐丧失对政治学科的兴趣。这就要求教师要化复杂为简单、化抽象为具体、化理论为实际，从学生生活实际出发，以学生感兴趣的知识为牵引，帮助学生建立符合自身的学习方式，特别是鼓励学生建立自主学习的学习方式，提高其学习能力，自觉用活生生的生活现实阐释、理解理论的正确性，使学生觉得思想政治课有用，愿意学。

（二）以学科知识为支撑

学科知识是学科教学的重要工具和衡量教学效果的重要依据，教学内容的设计要体现学科知识传承的环节，这是培养学生思想政治核心素养的基础性工作。一般来说，学生对学科知识内容的掌握越牢靠，越容易提高其透过现象看本质的能力，当然这种掌握不是单靠死记学科内的基本概念、观点和原理就能完成的，还需要教师指导学生提高其理论应用

于实际和知识转化为现实的能力。理解和记忆相关的学科理论是基础，但是仅仅只有学科知识，而不能将所学知识和理论用来分析和把握相关的社会问题和自身的思想问题、发展问题，培育思想政治学科核心素养还是很困难。

学科知识在培育学科核心素养过程中发挥着重要的作用。学生只有具备系统的、结构化的学科知识，才能在面临特定情境时获得深刻的理解和感受，在明确问题、提出假设和判断、解决问题等一系列环节中享用知识、应用知识，形成相应的学科能力和学科品质，最终形成学科核心素养。

以培育学生政治学科核心素养为宗旨的教学内容，必须以政治学科知识为支撑，由政治学科知识衍生出政治学科思维、政治学科方法、政治学科价值观的传授。政治学科知识是学生能力发展、素养形成的基础，对于培育政治学科核心素养具有支撑作用。因此，传授学科知识要以学科核心素养为导向，充分发挥学科知识在培育学科核心素养上的基础作用。

思想政治核心素养的培养依赖学科知识，以学科知识为支撑，但是学科知识的传授要注意方式方法，与学生实际相结合。

一方面，学科知识是培养政治核心素养的基础，在此基础上要注意培养学科能力和学科品质。思想政治课核心素养的培养绝不是仅仅靠知识教育就能完成的，它需要促进学生情感、态度和价值观等诸多方面的认同。

另一方面，学科知识要以学生为中心，注意联系实际，关注与学生生活有关的社会问题，从增长学生的社会参与能力的角度来选择教学内容。学科知识原理与实际生活联系在一起，学生容易接受和认可，可以改变思想政治课学科内容枯燥难学的现状。

（三）以跨学科知识为延伸

"学生核心素养发展离不开教师的创造性工作，而教学设计则是其中最关键的部分。"[1]教师培育思想政治学科核心素养还需要其他学科知识的辅助，以跨学科知识为延伸。以跨学科知识为延伸不是弱化政治学科的本性，而是打破学科本位的教育壁垒，加强学科间的彼此关联、相互补充和渗透，整合多学科、跨学科的教育力量，有利于实现学科知识的迁移和创新。

一方面，思想政治学科本身对教学内容有着弹性要求，因为思想政治学科的教育内容覆盖面广，学科知识体系处于动态的发展变化之中，与社会存在联系紧密，会随着社会现实的变化发展而不断更新，因此，高中政治教师要适当结合教学需要和学生实际充实教学

---

① 闫志明，李美凤，孙承毅，等. 面向核心素养的教学设计反思与进路 [J]. 中国电化教育，2020（12）：105-111.

内容。新课程体系下，学科内容也更为丰富，学科间的交叉和综合趋势明显，跨学科知识取材更为方便，跨学科知识教学成为可能。

另一方面，面对复杂的社会情境、社会问题，需要不同学科的知识予以解答。这是因为事物的发展是复杂的，人对某种事物的认识也是多方面的，单一的学科知识已经难以完整地认识事物，甚至还影响了我们对复杂事物现象的整体认识，需要综合各个学科的知识。要求政治课教学必须突破学科体系的围栏，打破学科知识的边界，将政治与其他学科知识联系起来，开阔学生的视野，增加学生对政治课的兴趣。因此，政治教师对教学内容的把握不应仅仅局限于教材上的学科知识，还应涉及社会经济、政治、文化、外交等一切人文教育的领域或学科中去。

例如，解答"我国为什么要坚持社会主义制度"问题，就不只需要思想政治学科的知识，还会涉及历史学科中近现代史、革命史和党史的相关知识。一方面，学生不仅要了解社会主义制度的相关知识，认识到其优越性。另一方面，学生通过了解中国选择社会主义制度的历史必然性，从情感上更为坚定走中国道路的信念，从多学科角度培养其政治认同素养。可见，不同学科蕴含着不同的解决问题思路，思想政治课教学内容以跨学科知识为延伸点，帮助学生建立综合性、整体性的视角和知识理论体系，全面了解社会，有利于学生处理复杂的生活情境和问题，开拓解题思路。

因此，高中政治教师可以在教学中联系历史、地理等其他人文学科知识，综合培养学生解决问题的能力。从不同学科角度出发，观察问题、分析问题的视角是不同的，学生的知识储备、看问题的视角也会在解决具体问题的过程中得到扩展。

第四节　高中思想政治学科核心素养的培育实践

一、重视高中思想政治课堂教学导入

课堂导入是课堂教学的起始环节，"导入就是教师在一项新的教学内容或活动开始前，引导学生集中学习注意力，唤起学习动机，激发学习兴趣，明确学习方向，建立新、旧知识之间的联系，从而进入新知识学习的行为方式"。[①]

---

① 张影，韦晓光，封雅丽. 中学思想政治课堂教学实施策略 [M]. 长春：吉林人民出版社，2020：1.

（一）课堂导入的理论基础

第一，教育学理论基础。课堂导入应遵循引导学生的心理活动和身心发展这一要求，教师要在课堂伊始的三到五分钟激发和引导学生的学习兴趣。教师在教学过程中要通过导入对学生进行引导，使学生对课堂知识有自己的理解和体会，并能主动地进行学习。由此可见，课堂导入作为教学过程的首要环节，在吸引学生注意力、激发学生兴趣和求知欲方面有着无可替代的功能和作用。

第二，心理学理论基础。行为主义学习理论认为，学习的实质在于形成一种刺激—反应联结，认知发展理论指出新旧知识的联结是构建知识的重要步骤，为教师选择学生感兴趣的内容或材料，为学生搭建新旧知识的桥梁进行课堂导入提供了理论依据。信息加工学习理论中，学习过程分为八个阶段，首先就是"动机阶段"，表明教师的首要任务是在课堂开始之时运用多种方法和手段刺激学生，使学生产生学习的动机和欲望。同时，教师也要在帮助学生建立学习期望，使其形成学生学习达到目标的动力。

第三，美学理论基础。美感是个体内心的心理现象。审美是通过外界的刺激进行心理感知和活动的过程，是多种心理因素综合运用的结果，如感知觉、记忆、表象、联觉、情感等。在这一过程中，个体的视觉和听觉是主要感知来源，情感最能影响一个人的审美。个体审美活动的特点强调教师的课堂导入要遵循新颖性、趣味性、启发性等原则。教师在进行课堂导入时应充分依据学科特点、学科内容要求、学生的兴趣和爱好，注入个人情感，从而引起学生情感上的共鸣，激发学生的对学科内容的学习兴趣和强烈的求知欲，使学生在课堂导入中感受的课程内容的美。

（二）课堂导入的基本功能

课堂导入的功能也表现为课堂导入落实培养学生学科核心素养的重要意义。若教师急于向学生传授知识，而不是在传授知识前激发学生的学习兴趣，使他们产生高昂的学习情绪，则会使学生产生脑力疲劳。课堂导入的功能主要表现在以下几方面：

第一，集中学生注意力。在课堂教学过程中，注意力是学生智力活动的关键影响因素，要想提高课堂教学效率，关键的一点是使学生具有稳定而持久的注意力。只有在学生注意力集中时，才会主动地接受教师所讲授的知识，并主动对知识进行建构。开始上课时，教师刚走进教师，课堂还没有完全安静下来，有的学生还沉浸在课间的欢愉中，有的学生还在为上节课的难题深思。这时候适当的导语就显得格外重要，能够迅速集中学生的注意力到教师身上，进而通过教师的课堂导入引导到知识的学习中。

第二，激发学生的学习兴趣。一个良好的课堂导入能激发学生的兴趣，兴趣是最好的教师，当学生对学习内容产生浓厚的兴趣时，他们总能以积极的心态主动进行学习。教师主观上希望学生能带着一颗积极学习的心态进入到课堂学习，但是实际的思想政治课堂多表现为"被动接受"，课堂气氛压抑，学生提不起精神，这就需要教师运用恰当的案例、语言等来激发学生的学习兴趣。

第三，启发学生的思维。"学起于思，思源于疑"，在课堂导入环节，利用恰当的提问，激发学生内心的疑惑，调动学生的思维活动，使学生带着疑问在课堂学习中获得答案，这对培养学生学科核心素养的问题意识和解决问题的能力具有重要意义。学生在学习过程中带着疑问才能激发起求知欲望，调动起学生的思维活动。教师可以在展示完材料后，提出相应的问题，通过提出的问题，激发学生的求知欲和思维活动，使学生更积极主动地投入到接下来的学习中去。

第四，联结新旧知识，促进学习迁移。建立新旧知识的联系，促进学习迁移。在导入环节使学生产生前后知识的贯通感，不仅可以使旧知识得到巩固，还可以使新知识得到铺垫，便于新知识的接受和学习。

第五，明确学习目标。教师在课堂导入环节时向学生交代和说明本节课的教学内容及目标，建立起新旧知识的联系，有利于学生有重点的理解知识，更好地实现教学目标。

教师巧妙地设计导入环节，可以在导入时激发学生的兴趣、吸引学生的注意力、使学生的感官系统都做好准备，同时调动学生的积极思维和知识储备，有创造性地听课，这样更能提高学生的记忆力，这对培养学生的各项能力具有重要意义。

（三）课堂导入与学科核心素养的关系

课堂导入是培养学生学科核心素养的有效方式和途径。在课程改革的背景下，思想政治学科的教学设计和课堂内外的教学实践也将被置于核心素养的视野下。高中思想政治是一门说理性的课程，其思想性和理论性比较强，学生在接受起来比较困难，这就使得思想政治教师在对学生进行学科核心素养的培育时存在困难和障碍。课堂导入作为一节课的起始环节，在落实学科核心素养的培育上起着至关重要的作用。一个良好的课堂导入，能够激发学生的学习热情，点燃他们好奇的火花，并能使学生快速进入到学习状态，为接下来内容的讲授起到很好的铺垫和引导的作用。由此可见，优化思想政治的课堂导入是培养学生的核心素养的有效方式和途径。

学科核心素养对课堂导入具有指导作用。课堂导入的设计和实施都是在学科核心素养的指导下进行的：一是课堂导入中材料的选取、情境的创设、问题的设计到课堂导入的呈现方式上，都需要围绕培养学生学科核心素养的需要并以学科核心素养为指导；二是课堂导入实施过程中师生的互动、教师的正确引导、全体学生的积极参与都要体现学科核心素养的要求，不能与学科核心素养的要求背道而驰。

（四）思想政治课堂导入的基本要求

1.课堂导入要体现目的性

课堂导入有明确的目的性，才能保证导入的有效性。基于学科核心素养的课堂导入，要求教师在进行导入设计时除了要明确课程标准和教学内容的要求，以此来展开导入设计，此外，还要明确学科核心素养的基本要求，教师要培养学生的什么素养，就必须明确核心素养的表现维度，使课堂导入的设计、选材、表达方式上都包含和体现着思想政治学科核心素养的要素，即课堂导入要体现政治认同、科学精神、法治意识、公共参与。但是，不是每节课的课堂导入都要涵盖所有的学科核心素养的培养，一节课的课堂导入可以体现一个核心素养，也可以是多个核心素养的培养。

2.课堂导入要体现层次性

课堂导入要体现层次性是指，教师在上课前不仅要了解学生的认知水平，而且还要考虑到思想政治学科核心素养的水平层次。教师了解学生的知识水平、能力水平以及储备知识是进行课堂导入方法选择、材料选择的前提所在；除此之外，教师要考虑学生的核心素养处于哪个水平层次，有针对性地进行课堂导入，教师通过设计与学生的核心素养水平层次相关的课堂导入，这有利于加强对学生学科核心素养的培养和巩固，也利于学生更高水平的核心素养的培养。

3.课堂导入要体现整体性

课堂导入在进行选材、问题设计时要考虑面向全班学生，同时，要立足于学生学科素养的整体。只有这样的课堂导入，才利于全体学生的思想政治学科核心素养的全面发展。比如，在课堂导入环节进行问题设计时，导入问题的设计要难易适中，不能只照顾到部分学生的需要，这样才能起到启迪学生思维的作用；同时，要所有同学都有发表意见的机会，让所有同学都积极地进行思维活动。

4.课堂导入要体现真实性

教师的课堂导入设计要源于学生的生活实际，从学生的实际生活中选材，选择学生感兴趣的热点问题、时事政治问题。情景越接近学生的生活越真实，越能激发学生的兴趣和思维活动，更有利于学生学科核心素养的培育。基于学科核心素养的思想政治课课堂导入，要以真实的案例来激发学生的情感共鸣和思维活动，从而进一步地对他们进行学科核心素养的培养。

（五）思想政治课课堂导入的优化策略

了解基于学科核心素养的课堂导入的现状，并分析课堂导入存在的主要问题以及存在问题的原因，目的就是有针对性地提出改进和优化基于学科核心素养的思想政治课课堂导入的对策。

1. 增强导入意识

意识是行动的前提，意识对行动具有指导作用。要想切实改进和解决当前思想政治课堂导入存在的问题，优化思想政治课堂导入环节，必须先增强教师的课堂导入意识，使教师认识到课堂导入的重要功能。

（1）加强基于核心素养课堂导入的理论学习。理论的学习是增强意识的保证，意识又是行动的前提，因此要想思想政治教师提高围绕学科核心素养进行课堂导入的意识，先要丰富其理论知识。比如，如果思想政治教师深谙思想政治的学科核心素养的概念理解、组成要素、培养目标、水平划分以及测评方式，以及课堂导入的功能、原则、要求、方法等理论知识，这些理论知识都将有助于教师的教学实践，有助于教师在课堂导入环节落实对学生学科核心素养的培育。在教学实践中，思想政治教师如果没有与核心素养和课堂导入相关的深厚的理论功底，是很难将课堂导入落到实处，发挥其应有的功能的。

可以通过定期组织学校培训，这种培训方式可以是学校不定期地请思想政治研究员、专家或优秀教师来学校给思想政治教师进行理论培训，也可以是学校组织教师到其他学校进行学习和交流。这两种培训方式的培训内容和重点包括思想政治学科的理论前沿知识、思想政治新课程标准的解读、学科核心素养的详细分析、优秀课堂导入案例展示和学习、时事政治及热点问题的解读等。高中的思想政治教师关注更多的是教学实践，只靠个人的知识储备去解读思想政治学科深层次的理论知识，并把这些理论知识细化到课堂导入环节是不够的，紧靠自己的知识储备去解读学科核心素养这一抽象的概念是不够的，需要教师跟学术水平更高的专家、学者、教师进行学习，丰富其理论知识，从而进一步提高及教师围绕学科核心素养进行课堂导入的意识。

（2）提高教师对课堂导入的重视程度。在丰富了关于学科核心素养及课堂导入的理论知识之后，如果教师不高度重视围绕学科核心素养进行课堂导入还是远远不够的，因此，要切实提高教师对围绕学科核心素养进行课堂导入的重视程度，认识到课堂导入对培养学生学科核心素养的重要功能；才能更好地将课堂导入环节落实到实际的课堂教学活动。课堂导入具有激发兴趣、集中注意力、启迪思维、排除心理障碍、营造良好心理氛围、联结新旧知识、明确学习目的等的重要功能，这些重要功能对培养学生的学科核心素养具有重要的意义。要让教师认识到这一点，才能进一步提高教师围绕学科核心素养进行课堂导入的意识和能力。可以从以下几方面提高思想政治教师对课堂导入的重视程度：

第一，通过组织课堂导入技能大赛。学校可以通过定期组织思想政治教师课堂导入技能大赛，提高思想政治教师对课堂导入的重视程度以及激发他们花费精力去钻研课堂导入。同时，可以把课堂导入技能大赛的成绩作为对教师教学进行评估的参考要素。教师在参与课堂导入技能大赛的过程中，会认识到课堂导入的重要功能，同时把对学生学科核心素养的培养落实到课堂导入环节。

第二，通过组织课堂导入案例赏析。学校的思想政治教研组可以收集一些优秀的、成功的课堂导入案例，组织思想政治教师集体观摩、学习。有能力的教师可以对案例进行讲解和分析，分析课堂导入的方法、案例、情境以及学生的反应。在展示优秀案例的同时，穿插一些课堂导入存在问题的案例，供教师对比和反思，在对比中教师会发现一个良好的课堂导入对整堂课的教学效果的一个重要作用，让教师意识到"良好的开端，是成功的一半"在思想政治课课堂导入环节的重要体现。

第三，将课堂导入技能纳入对教师的评估体系。以往，对教师的教学水平的评估往往是只注重参考升学率和学生的分数，因此，教师认为省下课堂导入的三到五分钟，给学生讲尽可能多的考点，是更能体现自己教学水平的，这种评价方式使思想政治教师进入到一个误区，即只注重分数，而不注重学生学科核心素养的培养。将课堂导入技能纳入对教师的评估考查范围，教师自然而然就会对课堂导入环节重视起来，也会切实地在课堂导入环节落实学科核心素养的培养。

（3）明确课堂导入对培养学生核心素养的重要性。许多教师了解思想政治的学科核心素养，也了解课堂导入，但是并没有意识到课堂导入环节对培养学生的重要功能。目前课堂教学的一个普遍现象是教师会在课堂的尾声，即快要下课的时候，升华一下学生的情感，提一下学习这节课学生要形成某些品质，甚至课堂节奏没有把握好，最后也没有时间进行所谓的"升华情感"。

教师需要注意的是，不是只有在课堂结束之时才能对学生进行能力的提高和情感的升华，对学生学科核心素养的培养应落实到课堂教学的各个环节，即要把对学生学科核心素养的培养贯穿于整堂课。课堂导入作为一节课的开始，一个良好的课堂导入可以激发学生的兴趣、吸引学生注意力、调动学生思维活动、联结学生新旧知识、使学生明确学习目标等，这潜移默化中就形成了学生集中注意力的能力、问题意识的能力、创造性思维的能力等，这对学生学科核心素养的形成具有重要意义。

思想政治是一门说理性的课程，教师运用一个良好的课堂导入，能够激发学生的学习热情，点燃他们好奇的火花，并能使学生快速进入到学习状态，为接下来的内容的讲授起到很好的铺垫和引导的作用，也使得对学生学科核心素养的培养顺利进行。因此教师要明确课堂导入对培养学生学科核心素养的重要性。

2. 提高导入能力

在增强了教师围绕学科核心素养进行课堂导入的意识以后，接下来就是要提高教师围绕学科核心素养进行课堂导入的能力。有了一定的课堂导入能力，教师才能实施一个良好的课堂导入，使课堂导入达到应有的效果。下面从基于学科核心素养的课堂导入的素材选择、基于学科核心素养的课堂导入的情境创设以及基于学科核心素养的课堂导入的问题设计这三方面来进行阐述。

（1）选择好课堂导入的材料。选择合适的素材或材料是运用案例导入方法时所需要重点考虑的内容。运用恰当的故事、童话、生活中的典型事例等来激发学生的学习兴趣，启发学生的思维活动，从而将学生引入到新课的学习。教师在进行材料选择时要遵循五项基本原则：第一，科学性原则，材料必须尊重客观事实，具有科学依据，切忌胡编乱造，捕风捉影；第二，典型性原则，所选取的材料必须针对所要讲述的内容和说明的观点，切忌偏离主题；第三，启发性原则，选取的材料中必须蕴含深刻的道理，寓理寓例，能够启迪学生的思维，引导学生深入思考相关问题；第四，趣味性原则，材料要力求生动形象，激发学生的兴趣和求知欲；第五，时代性原则，选取的材料要源于现实生活，接近学生的生活，贴近学生的生活实际、思想实际、能力实际。下面从热点问题、故事、图片这三种导入方式来阐述材料的选择，切实提高思想政治课教师围绕学科核心素养进行课堂导入选材的能力。

①精选热点话题以贴近学生的生活。热点话题就是社会普遍关注的时事热点以及学生普遍关注的话题。将这些热点话题与思想政治课教学联系起来，使思想政治课堂教学更加贴近社会、贴近学生。这些热点问题更能激起学生的兴趣和引起学生的共鸣，同时能够使学生增长见识、开阔视野。思想政治课是一门时代性很强的课程，精选一些社会热点话题，符合思想政治课的时效性和真实性，也符合基于学科核心素养的课堂导入的真实性的要求。

②精选幽默故事以贴近学生兴趣。用故事进行导入就是教师用一个风趣、幽默、富含哲理的故事引出本节课所要学习的内容，一般这个故事是富含哲理的，能够与接下来的教学内容紧密相连，既增加了趣味性，又对学生进行了启迪。教师要精选幽默的、富含哲理的故事来激发起学生的兴趣和思维活动，使学生从故事中领略哲理和学习内容。教师要注意所引用的故事不要耗时太长，讲完故事后要分析故事所蕴含的哲理，帮助学生接下来对

课程的学习。

③精选图片或漫画以贴近学生思想。图片集趣味性、启发性于一体，简单明了，能给学生以生动形象的感觉；漫画诙谐幽默又富有深意，能引发学生深思。图片和漫画都是课堂导入的好材料，教师精选与课堂内容相关的图片，能贴近学生思想和实际，给学生以直观感受和直观启迪。教师在选择图片和漫画时要注意适量，不要一下子给学生展现太多、太杂的图片或漫画，这样会适得其反。注意图片和漫画要符合教学内容需要、符合学生学科核心素养的需要，不能将偏离教学内容和学科核心素养的图片和漫画呈现在课堂上。

总之，教师根据学生、教学内容、教学目标的需要，精心选择适合的课堂导入材料，运用恰当的故事、漫画、生活中的典型事例等来激发学生的学习兴趣，启发学生的思维活动，从而将学生引入到新课的学习中，进而落实对学生学科核心素养的培养。

（2）创设好课堂导入的情境。情境创设是指教师在课堂导入环节创设一定的情境来感染学生，激发学生的情感，培养学生的政治认同、理性精神、公共参与、法治意识。情境创设的方法主要有：用语言描绘情境、用教具触发情境、用活动表现情境、用现代化教学手段再现情境、用幽默夸张情境、用思维推理情境、用问题深化情境。在课堂导入环节进行情境创设时要注意：一是情境要有真实性。选择一些真实的情境能使学生的学习建立在真实可信的现实情境中，学到的课堂知识也更容易运用到现实生活情境中；二是情境要有针对性。要选择有针对性的情境进行导入，要针对学生的现实生活和生活实际；三是情境要有探究性。不要为了表现而表现，而是要有一些探究价值，激发起学生的探究欲；四是情境要有启发性。给学生创造体验的环境，留下思维的空间。

（3）设计好课堂导入的问题。"学贵有疑""以疑激思"，基于学科核心素养的课堂导入的问题设计是指教师在了解学生的学科核心素养的水平层次的基础上，巧妙地设置适合学生学科核心素养发展的课堂导入的提问，设置让学生觉得富有挑战性的问题，激发学生的深入思考，从而激发起学生的求知欲望和探究欲望。通过设置有效的课堂导入问题，激发学生的问题意识，进而培养学生在面对困难时解决问题的能力和品质。

①单刀直入地提出问题以贴近学生认知。人本主义学习理论的观点之一是：当学生有疑问之后，会自动启动学生的学习系统。单刀直入的提问方式，是一种简单、方便易执行且效率高的导入方法。即思想政治教师在正课之前，提出一个或几个或一连串新课内容相关的问题，集中学生注意力，激发学生积极思考和思维活动的一种方法。

②设置悬疑提出问题以贴近学生的探究欲。设置悬疑是指教师在课堂导入环节根据所

展示的材料或给出的情境，提出学生不曾接触过的有深度的问题，从而引发学生进一步探究和解决这个问题的欲望。

二、科学选择高中思想政治教学方法

（一）教学方法选择的原则

第一，教学方法应该具有层次性。针对教学内容的层次性，教学方法的选择也应该具有层次性。作为一种学科教学，不可能有一种教学方法能够胜任其多层次的教学内容。即针对思想政治教学涉及的每一个层次的内容，任课教师需要选择不同的教学方法与之对应。如哲学概念术语的教学方法与哲学原理性内容的教学方法就应该有所不同。对于原理性的教学内容，案例教学方法是最为适合的。因为在案例的讨论过程中，既可以使学生加深对原理内容的理解，又可以在运用哲学原理分析案例的过程中，拓展学生解决问题的思路。

第二，教学方法的选择应该有针对性。面对特定的教学内容，教学方法应该具有针对性。教学方法的层次性与教学方法的针对性并不矛盾，就如哲学原理中矛盾的特殊性与普遍性的关系。针对特定的教学内容，任课教师要选择针对性较强的教学方法。如为了在上课前给学生营造一个教学所需要的特定教学情境，任课教师只能选择情境教学法。

第三，教学方法的灵活性。学校的思想政治教学与其他学年段的思想政治教学实践一样，都具有综合性的特点。即在每一节课的教学实践中，任课教师既可能涉及概念术语的教学，也有可能涉及原理内涵的阐释以及案例的分析。因此，几乎所有的任课教师都不可能把一种教学方法贯穿于任何一堂课的教学实践中。从另一个层面来讲，面对综合性的教学内容，任课教师应该选择综合性的教学方法。而这种综合性的教学方法选择就是我们在此所谈及的教学方法的灵活性，而且只有灵活地选择教学方法才有可能使之呈现出综合性的特点。

第四，教学方法的选择应该具有系统性。由于思想政治学科教学内容的层次性和教学任务的多样性特点，教学方法的选择也势必应彰显自己的系统性特点。所谓教学方法的系统性是指针对不同教学内容，任课教师可以选择不同的教学方法。对这些不同教学方法的选择，在客观的教学实践中又形成了系统性的特点。因此，在实际运用的教学方法中，既要有针对术语讲解的方法，也要有针对原理内涵阐释的方法。

（二）教学方法选择的策略

根据核心素养内涵的理解和它给予教学方法选择的启示，任课教师可以根据以下选择策略在客观的教学实践中选择自己的教学方法。

1. 教学方法需要针对性

所谓针对性策略有三个层面的含义，或者说教学方法选择时应该有三个针对的对象：第一个层面上，针对性策略所针对的对象是教学内容；第二个层面上，针对性策略所针对的对象是特定的教学任务；第三个层面上，针对性策略所针对的对象是思想政治教学所面对的特定学生。

2. 教学方法需要通用性

作为一种特定的教学实践，思想政治学科的教学实践，不仅具有个性化的特点，而且具有普遍性的特点。针对思想政治教学实践的普遍性，教学方法的选择还应该有通用性的选择策略。所谓通用性策略是指任课教师根据自己对教学内容的把握和对相关教学任务的分析，可以选择一个主导性的教学方法并把它贯穿于全部教学实践中。思想政治教学实践自身的客观规律性是其教学方法选择通用性策略存在的客观基础。无论是作为一门学科教学实践而存在的思想政治教学，还是作为一个教学过程而存在的思想政治教学，它都有其自身的规律性。

在核心素养视域下，双基教学与方法教学、方法论的教学、世界观的教学一脉相承。也就是说，无论是名词术语的教学，还是原理内涵的教学，都会涉及这三方面的教学内容。而且，在这三方面教学实践中有通用的教学方法可供任课教师选择。如案例教学法就是这个观点最好的例证。案例教学法是指任课教师根据教学目的的要求，组织学生对案例进行阅读、思考、分析、讨论和交流等活动，教给学生分析问题和解决问题的方法或原理，进而提高分析问题和解决问题的能力，加深学生对基本原理和概念理解的一种特定的教学方法。

3. 教学方法需要灵活性

所谓"灵活性"策略是指任课教师结合教学内容与教学任务，根据学生的实时学习情况及时改变自己的教学方法选择。这一策略既是对传统教学理念"教学有法，法无定法"的实践运用，又是根据影响教学实践效果的多维教学因素对教学方法的及时性调整。

核心素养视域下教学方法选择的灵活性策略也可以理解为对传统教学方法的创新。传统教学方法的创新有两个途径可供任课教师选择：第一个途径是根据先进的教育教学理念，创造新的教学方法；第二个途径是根据现实教学需求，创造性地运用传统教学方法提升自己的教学效果。

在思想政治课堂教学实践中，任课教师可以根据教学需要，对各种教学方法进行创造性的组合式运用。同时，可以组合情境教学法与案例教学法，该方法既可以运用情境教学法营造案例教学所需要的教学情境，又可以凭借案例教学法的优势把教学情境对教学效果的影响发挥到极致。

4.教学方法需要独创性

所谓独创性策略就是在核心素养理念影响下，任课教师根据自己的执教能力，在分析自己所教学生个性差异的基础上，在教学方法选择层面上表现出来的个体性差异。

独创性策略存在的基础体现在两个方面：一方面，教学对象的差异是其存在的第一个客观基础，虽然各学校的教师都在使用几乎完全相同的思想政治教材，但是他们面对的学生存在迥异的学习基础，因此，任课教师即使在教学同一内容时，也要运用不同的教学方法；另一方面，教学主体的差异是其存在的第二个主观基础。任何一门学科的教学实践，都是一种以师生的双边活动为特点的教学实践。即使是作为教学活动的管理者和组织者的任课教师，他们之间的执教能力也存在差异。面对相同的教学内容，不同教师会选择不同的教学方法。这既是任课教师提升教学效果的关键，也是任课教师形成教学艺术特色的基础。因此，结合思想政治学科的教学内容，运用独创性策略选择适当的教学方法，既能提升任课教师的执教能力，又能提升任课教师的科研水准。所以，独创性策略是一个非常实用的教学法选择策略。

总之，在核心素养理念下探讨教学方法选择的问题，既是运用其理念指导教学实践的一次有益尝试，又是任课教师结合其研究结论反思自己教学方法选择经验的总结。

第五章 高中思想政治教育教师队伍管理

思想政治教育教师队伍是培养合格建设者和接班人的主体力量，对思想政治教育教学的过程和结果起着重要作用。基于此，本章对高中思想政治教育教师的教学素养提升、高中思想政治教育教师的人格魅力塑造、高中思想政治教育教师的专业发展优化进行研究。

第一节 高中思想政治教育教师的教学素养提升

高中思想政治教师的教学素养的提出跟中国学生发展核心素养和高中思想政治学科核心素养关系密切，不可分割。要培养学生内在的核心素养，教师必须具备较高的素养；要落实高中思想政治学科核心素养，高中思想政治教师就必须拥有较高的教学素养。

一、教学素养的认知

教师的教学素养是指教师进行教育教学实践活动时必备的、内隐的或者外显的，对学生发展产生直接或者间接的影响的品质之和。关于教师素养的内容，在结合实际的教学基础上可以将教师的素养按照专业情意、专业知识、专业能力三个维度进行划分，这三个维度在教育教学过程中具有显性特征，对教学产生直接的影响。教师的教学素养并不是划分得越细越好，素养本身就具有多层次性和相互联系性，因此在提升教学素养中应关注素养的综合性和整体性。

其中，专业情意是指教师对于教育产生的情感，是从事教育活动的心理品质。包括教师对于教育的价值观、态度、信念、理想等；专业知识是指教师从事该行业的必备的知识。具体包括教师本体性知识即学科知识、条件性知识即教育教学知识、实践性知识即课堂教学的相关经验及知识；专业能力是指教师从事该行业的技能和本领，是教师顺利完成教育教学活动的必备条件，主要有语言表达能力、组织能力、观察能力、应变能力等。

教学是一种双向互动的过程，既包含教师教也包含学生学。教师指导学生学习和掌握文化科学知识和技能，有计划、有组织地提高学生的素质，使他们成为社会所需要的人。学科及其教学是为服务学生，而不是学科教学。知识、技能和纪律能力的获得是任何学科教学所共有的目标，与之相伴随的是人的思维方式、生活方式乃至精神、思想和价值观的生成和提升。文化、思想、价值上的意义——人的意义成为学科教学所必不可少的内涵。为学生而教，为素养而教，那么就要求教师具备一定的素养，而直接产生教学效果的素养一定是教师的教学素养。

高中思想政治教学活动是一种动态发展过程，这个过程包含教学前、教学中、教学后三个阶段。教学前是教学的准备阶段，这个阶段不仅是知识技能的准备，也应该是态度和情怀的预备；教学中是教学的中间阶段，也是教学效果生成的阶段，这个阶段教师对知识结构的解读、个人的言行、教学原则和教学方法的机智使用对教学效果具有重要的影响；教学后是教学的反思阶段，这个阶段教师以自己的教学活动过程（故事或事件）为思考对象，对自己所做出的行为、决策以及其结果进行检验和分析。在这个教学过程中贯穿一条主线即教学研究。与此同时，基于高中思想政治课的课程性质、教学过程的特点以及高中思想政治学科核心素养与目标，高中思想政治教学需要着重强调学科的教学意义，强调对学生政治方向、社会主义核心价值观等方面的引领。可见，高中思想政治教师教学素养包含教学能力、专业知识和专业情意等多个方面。

因此，将高中思想政治教师教学素养定义为：动态养成于教育教学前、教学中、教学后，外显的或内隐的，对高中思想政治学科核心素养落实、对学生核心素养发展有直接或者间接影响的关键教学能力和品质。

二、高中思想政治教师教学素养的结构

结合高中思想政治学科的课程性质，学生思想政治核心素养的要求，高中思想政治教师的教学素养的内容可以划分为三个维度：教育情怀、专业知识、教学能力。

就高中思想政治教学的整个过程来说，高中思想政治教学由教学准备、课堂教学、课后三个阶段构成。在教学准备阶段教师需要关注自身的知识准备和情意准备，即要求教师具备教育情怀和教学知识；在课堂教学过程中教师需要关注自身教学方法、教学形式的选取，并监督教学效果，即要求教师具备一定教学能力，包括教学形式、方法、活动的选取，教学监控；在课堂结束后，教师需要进行教学反思，进行行动研究，即教师应具备一定的教学能力，包括：教学反思、教学行动研究。在整个教学过程中，注重教师的价值引领，关注高中思想政治的学科育人意义。教师是培育高中生思想政治学科核心素养的直接组织者和实践者，是实施素质教育的主力军。立德树人的成败很大程度上取决于广大高中思想政治教师的教育情怀、专业知识、教学能力的水平。

（一）教育情怀

教育情怀是教师对于教育产生的情感，是从事教育活动的心理品质。这种心理品质结构包括教育的爱、教育信念、教育理想。教育和教学具有一致性，不存在无教育的教学，任何的教学都应该包含教育的意义，因此，教育情怀归于教学素养的范畴。

1. 教育的爱

教育事业就是爱的事业。教师对教育的爱主要表现在三个层次：①对祖国的爱。热爱祖国是做人的根本，教师对祖国充满爱，是教师为祖国培养年青一代的情感基础。教师对党和国家充满爱，才会将这份情感传染给学生，使学生坚持正确的政治方向、树立正确价值观。②对教育事业的热爱。只有对教育事业充满爱，才会爱岗敬业、无私奉献，才会心系教育事业，以主人翁的姿态为教育事业的发展出谋划策。③对工作、学生的爱。教师作为教育者，首要任务是育人，教书可能仅需要用知识，用理性，用科学，但是育人还需要教师付出感情和爱，爱本身具有教育力；热爱工作才能在困境和逆境中迎难而上，不断提升自身的素养。

2. 教育信念

教育信念是教师对教育持有的真挚的情感和坚定不移的态度。强调感情的倾向性和意志的坚定性。要成为什么样的教师在很大程度上取决于自身的教育信念。有了信念，教师就有了努力追寻的方向，就有了自我发展的内驱力。教师的发展仅靠社会、学校等外因的推动是远远不够的，教师必须树立教育信念，才能推动自己不断发展。

3. 教育理想

教育事业充满了理想主义和浪漫主义色彩，即便是在极其艰苦的教育环境中，拥有教育理想也会使人感觉到快乐和幸福。教师因为理想而有了目标，因为有了目标就会有为之努力的激情。激情是一种强劲的力量，能够使学生深受感染、震撼，并与之产生强烈的共鸣。没有激情的老师也难使教学富有活力，难以使学生对该学科产生学习的激情，难以培养思维敏捷的学生。

（二）专业知识

高中思想政治教师的教学知识内涵非常广泛，既包括教育相关知识，也包括本学科的相关知识。然而要想把教育和学科知识融会贯通于教学活动中，必然需要课程意识的指引和催化。

1. 教学理念

高中思想政治教师思维观念上创新制约着高中思想政治教学领域的突破和成长。这一种观念层面潜隐性的东西，会对教师的教学行为产生直接的支配作用。学习先进的教育理论，强化教育思维意识，避免受传统经验、习惯支配，最终形成符合自身特点的教育思维习惯，提高教育思维能力。为此，必须树立正确的学生观和教育观。

（1）学生观。以学生全面发展的核心素养教育理念，是最新普通高中思想政治课程标准提倡的教育理念。学生是学习的主体，学习的主人。学生由未知、未能转化为知和能，必须通过自身的努力才能实现。教师对于学生来说是外因，为学生的学习提供重要的服务。学生是学习的主体，是内隐，是学习好坏的根据。外因要通过内因起作用，教师的教也要通过学生的学起作用，不能越俎代庖、包办代替，而是千方百计激发他们的求知欲，启发他们的积极思考，促使他们主动地获取知识、训练技能、发展智力，最终学会学习。

（2）教育观。教育观是人们关于教育问题的根本看法。他的核心问题是怎样看待教育功能。社会主义的教育功能应体现社会功能与个体功能的统一。社会功能是指：教育要主动适应政治、经济、社会发展的需求，为中国特色社会主义的共同理想服务。个体功能：教育的本体价值标准，培养中国学生发展核心素养。基于这样的认识，必须克服片面追求升学率的倾向，从关注学科、关注知识转向关注人，关注学科的育人功能。

2. 学科及相关知识

（1）学科知识。教师作为人类精神文明的传播者，特别讲究知识上的富有。扎实的专业知识也是所有老师必备的素养。课的内容丰实、生动，单讲究教学方法是远远不够的；要有源头活水，要不断充实自己，不断增长新的知识，课才会有质量，才会有风采，才会对学生有吸引力。因此，对高中思想政治教师的学科知识的储备具有很强的挑战性。高中思想政治课教学内容非常庞杂，要求高中思想政治教师具备政治、经济、社会、历史、哲学等方面的相关知识。

（2）课程知识。为了使教学理念、学科知识、教学原则和教学方法融会贯通于教学活动中，需要课程意识的指引和催化。因此，高中思想政治教师需要掌握课程知识，树立课程意识。就其课程内容来看，该课程包括必修课程和选修课程。

必修课程是思想政治学科育人的基本载体，选修课程是对必修课程的补充与延展，可以满足升学需要也可以提供多样化的学习兴趣。必修课程分为四个模块，以"中国特色社会主义"为主线，以"经济模块、政治模块、文化模块、社会模块、法治模块"为载体讲述如何发展中国特色社会主义。就其课程性质来说，高中思想政治课带有很强的时效性，要求高中思想政治教师必须紧跟时代的步伐，及时进行学科知识和教学材料的更新。一方面要根据课程目标和教材的变化，不断更新自己的知识结构和知识储备；另一方面要不断地接受新的信息，并能将信息提炼或者整合成教学材料辅佐教学活动。

（三）教学能力

根据学生发展核心素养、高中思想政治学科核心素养对教学的要求，高中思想政治教师教学能力应该包含教学引领能力和教学统整能力。此外，在教师教学统整能力的范围内，为了实现高中思想政治课程目标、教师专业发展目标，高中思想政治教师还应该关注教学反思和教学行动研究能力。

1. 教学引领能力

教学应体现学生的主体地位，教是为了服务于学生的学。教学应该激发学生的学习兴趣，促进学生主动学习，将学科知识通过主动分析和探究转化为自己的知识，引导学生学会学习。因此，作为教师要注意在教学过程中对学生进行引领，引导学生主动参与学习，引导学生质疑、分析、探索和解决问题，最重要的是引导学生学会学习。

目前，我国经济的迅速发展，多元利益和价值诉求的出现，使原有的生活节奏和形态被打破，原有的社会人际关系和人们的交往模式被改变，传统习俗也日渐被腐蚀和重塑，导致人们在社会生活方面出现无序体验，思想上感到困惑和迷茫，价值评价和行为选择上无所适从。特别是高中生，他们涉世未深，缺乏社会经历，世界观、人生观和价值观都尚未成熟，面对这种困惑和迷茫更是无所适从。这就需要成人的指导，需要优秀人物做榜样，而学校教师特别是思想政治教师责无旁贷地应承担这份重任。

因此，教学要关注学生，引导学生学会学习，引导学生形成正确的世界观、人生观和价值观。而对于高中思想政治教师来说，教学引领具有特殊的意义。高中思想政治教师除了要关注教学引领的普遍性（引领学生主动学习和学会学习），还要关注教学引领在高中思想政治学科教学的特殊意义。高中思想政治学科的根本任务是立德树人，是德育的主要渠道，因此高中思想政治教师在教学过程中还需要关注教学对学生知、情、意、行方面的积极影响和主动引导；高中思想政治课程的目的是帮助学生确立正确的政治方向、拥护中国共产党的领导、维护国家统一和民族团结、树立共产主义远大理想和中国特色社会主义共同理想等。高中思想政治课程的意识形态属性要求高中思想政治教师要引导学生坚定正确的政治方向，培育社会主义核心价值观等。

2. 教学统整能力

教师教学统整能力主要表现为教师在教学理念的引导下，能够跨越学科边界，合理利用教学方法，创设更为生活化、情境化的教学活动解决教学问题的能力。就教学过程而言，教学统整能力包括教学前（课前）对课程标准、教材及学生的研究能力，也包括课中（课堂教学）对教学理念和方法选取的能力，还包括课后（教学后）对自身教学行为的反思能力。

教学统整能力要求高中思想政治教师在教学前要对高中思想政治课程标准、教材进行深入研究，同时，还要对学生进行研究。学科育人导向的教学，要求高中思想政治教师把对学生的研究放在首要位置。对于学生个体而言，其内在的性格、情趣和素质完全不同，差异性大，爱好和需求不同，高中思想政治教师应该从他们的实际出发，因材施教；这就要求既要把握传统教学方法的精华，也要不断进行教学方法的创新，力求教学方法与时代要求合上拍；这就要求高中思想政治教师在课后要及时进行深度的教学反思，将反思的结果放到新一轮的教学实践中，不断地经受实践的检验。在"实践—检验—再实践"的过程中，使课前、课中、课后的教学能力得以精密联系、融合在一起，共同提升教师的教学统整能力。

教学素养提升和突破的唯一途径是教师自我的深度反思。反思需要时刻进行，如高中思想政治教师可以衡量自己的教学工作，剖析产生的教学效果，总结反思，寻找解决问题的有效措施，将反思所得勇于改善后续的教学活动，一次次地进行教学反思，深度挖掘自身潜力，反复式的反思才能达到理想的高度。所以，每一位思想政治教师都要强化自己的反思能力，从中不断加强自身自我探知、自我成长的能力。教学反思要关注教学前的准备阶段，即反思教师知识技能的准备情况与态度和情怀的预备情况；教学反思要关注教学的中间阶段，也是教学效果生成的阶段，这个阶段主要是反思教师对知识结构的解读、个人的言行、教学原则和教学方法的机智统整；教学反思还要关注教学后的教学价值引领效果的实现情况。

三、高中思想政治教师教学素养的提升对策

（一）强化高中思想政治教师的教育情怀

教育是一项带有浪漫主义和理想主义色彩的事业，每位老师都应该追求成为有梦想、有激情、有活力、有情怀的教育者，直面学生的现实生活状态，不躲避真实生活中的疑难题，以培养人格健全、富有学识的人为己任，同时，引领整体教师队伍的精神成长。为此，我们要在仪式中强化为人师的教育情怀，感受这份庄严而厚重的责任，在高中思想政治课堂教学中陶冶这份情怀。

1. 以课堂情境陶冶教师的教育情怀

一堂好的思想政治课本其就其过程来说就是一种情感体验，情感体验的主体不仅是学习的主体（学生），更是学习的引导者、促进者（教师）。教师在教学中一方面促进学生知识、技能的习得，情感的陶冶；另一方面，教师在教学活动中也不自觉地受到潜移默化的影响，促进自身教育情怀的觉醒。高中思想政治课堂教学为教师提供情境体验。所谓的情境体验是置身于特定的场景，利用场景所具有的情绪色彩及生动具体的形象，从而激发

教师积极态度和最佳的情感体验，唤醒其对教育的痴情，能够使教师的心理机能有效提升的方法。情境体验的最显著的特点是陶冶和暗示。

（1）情境教学不仅对人的情感起到陶冶作用，还能净化心灵，使教师为理想而教，为大爱而教，为学生而教，而不是为了职业而教。从教育心理学出发，讲陶冶，就是使人的思想意识产生有益影响。情境体验的陶冶功能犹如过滤器，剔除消极因素，放大积极成分，以净化和升华情感，使之更具有灵活性、调控性、动力性、强化性和感染性。

（2）情境教学具有暗示或启迪作用，能激发高中思想政治教师的教育情怀，以投身于伟大的教育实践中。情境体验致力于激发教师的教育情感，通过对社会和生活的深层次锤炼整合对教师的教育信念、理想起到刺激和启发作用。

2. 以仪式为载体，强化教师的教育情怀

教师的全面发展离不开激情，教师的激情是由外部的环境及内在驱动力派生来的。高中思想政治教师长期从事烦琐的教育教学活动，产生职业倦怠感以及教师效能感的降低都是在所难免，这时候，我们需要一些仪式来强化教师对教育事业的理想、激情和情怀。

仪式可以将参与者带入某种特定的情景。参与仪式是一种手段，是达到目的的某种手段。对于教师来说，教师可以利用仪式构建、强化群体对教育理想的认同感；仪式作为文化的重要元素，是教师群体唤醒激情与理想的必要手段，并在此激励下努力成为一名有理想、有激情、有情怀的老师，为教育事业奋斗终身。仪式的作用在于改变认知，强化认可。在某个特定教师仪式活动中，可以改变教师对教育事业的认知，或者强化先前的认知。

此外，高中思想政治教师可以利用仪式的重复手段，不间断地重复能强化有效认可，达到坚定不移的结果。例如，可以在教师入职前做一个新教师入职仪式提升新教师对教育事业的认同感；在教师疲倦期做一个唤醒仪式，即唤醒教师最初的教育理想、激情和情怀；在老教师离职时做一个送别仪式，升华老教师的教育情怀，以替代强化的方式加强在职教师为教育事业奋斗的坚定信念和情怀。

（二）转化教学理念，提升教师的教学统整能力

学习和外化教学知识，最重要的就是学习教学理念，并将教学理念转化为教学行为。整个过程中，教学行为转化的起点应是学习理解教学知识、理念，教学行为转化的中间过程是将知识、理念内化为自己的认知，实践是教育思维演变为教学行为的外化。为了实现教学理念的转化，可以通过专家引领促进高中思想政治教师对教学理念的理解和认同，通过模仿先进促进高中思想政治教师对教学行为的创新生成。

1. 转化教学理念

学习内化教学理念可以归纳为掌握先进的教学理论及其内涵，推进教学思想观念的提升，为教学行为变革打下坚实的思想基础。教学理念的内化是教学理念向教学行为转化的第一步，同时也是教学理念向其行为转化的逻辑起点。

教学行为的变革与教学理念更新无法做到同步，要想解决教学理念与教学行为不同步的难题，急需相关领域专家和高中思想政治教师共同的不懈努力。以专家引领促进广大一线高中思想政治教师将最新的教育教学理念同化为自己的认知，是高中思想政治教师教学素养提升的有效途径。根据知识结构、思维方式、观察问题的视角等方面的认知，高中思想政治教师和专家相差较远。新课程的实施过程中离不开深刻的自我反思，定期的总结改革经验，同时，由于理论水平和研究能力的局限性，常陷入自身模式化的误区，发现自己的问题，不能卓有成效地超越自我。专家相对更关注理论思考，他们具有极强的理论素养、问题探索意识以及问题研究能力往往能够让他们细致地审视教师的教学行为，并可以以专业视角剖析教师的教学行为，尽管不能进行"处方式"的行为指导，但还是能够从整体上提出更专业的见解。

2. 模仿教学统整行为

教学改革中，较为先进、稳定的教学模式、方法、策略，常常是由个别优秀的教师依据先进的教学理念，结合实践一步一步地摸索总结，最后经过适当的路径和方法去推广。那些接受推广影响的教师则是借鉴学习他人经验、搭建完善自我风格的过程。模仿可分为两种：一种是直接套用的低层次模仿，称为"形似"模仿；另一种是改造创新的高层次模仿，称为"神似"模仿。两者各有自己独有的特征和功能。

（1）直接套用的模仿。套用式模仿的特征和功能是生搬硬套他人做法，完全相信经验的有效性和适用性范围。现实教育实践中也比较常见的，如初入职场的教师缺乏实践经验，常常模仿其他优秀教师的处理措施。新手教师向成熟型教师转型的过程中，往往只是直接模仿老资格的优秀教师的做法。这种模仿简单，且极具成效。新课程实施过程中，较为成功的新课改经验，并产生一定的社会影响，赢得社会关注。这种典型示范，以点突破，带动整体，是推动教改的普遍手段。它能将局部的优秀的经验迅速推广，改观更多的教师的教学行为。值得一提的是，这种模仿将复杂的、多变的、富有创造性的教学实践粗放了，阻碍教师释放改革创新的潜力。

（2）创造性模仿。创新性模仿是高层次、高水平模仿，是指教师以自己的教学实践为前提，参照他人先进的优秀的经验，沉淀吸收、融入到自己的教学实践方法中。因为，无论何种经验均是由个体经历和体验为前提，本身兼具个性化、创新性等特点。

高中思想政治教师对于教学理念、教学方法、教材、教育问题会形成不同的理解和解读。即使共同认同某种教学理念和采用某种教学方法，其教学效果也未必相同。即使是同一个老师采用相同的教学方法在不同的班级教学也未必能产生相同的效果。因为，教师的教学风格和教学经验具有特殊性，班级之间也具有差异性。因此，教师要根据自身的特殊性，创造性地调整和模仿，促进教师个性化成长，形成自己独特的教学风格。

直接模仿短期见效、迅速优化教学面貌，但遏制了教学的实质性创新变革与独特的教学范式。为了从根源上革新课堂教学，必须力求创新模仿，学习借鉴他人教学行为以及变革的思路方法，将其"校本化""自我化"，创造适用于自己并能够彰显个性魅力的教学行为方式，进而实现全面改革课堂教学历史性壮举。

3.反思模仿行为

高中思想政治教师教学素养想要实现质的突破，仅仅依靠学习教学知识、教学理念，模仿教学统整行为是远远不够的，还必须在反思中关注教学统整能力的提升。高中思想政治教师要审视自己的教学手段、教学方法和教学机智的使用，关注教学效果，分析预期与结果的差异，并从中发现问题和及时反思总结。注重将反思的经验所得，切实地运用到下一次的思想政治教育教学活动中。在课堂活动结束后，再次地进行教学反思，只有这样反复式的训练才能促进高中思想政治教师教学统整能力实现螺旋式的上升。

教学统整能力的反思，按照要素划分可分为四种：①教育理念，特别是新课改提倡的为了每一位学生发展的理念、课程观、教学观、学生观和教师观，以全面发展为核心的中国学生发展核心素养；②教学方法、手段；③教学语言；④教学活动、案例等。按照其阶段性又可以划分为：课堂前的课标、教材、学生的研究，课堂中的教学方法、手段、活动、案例的监控，（以往）课堂后教学反思的借鉴。不管是按照要素划分还是按照阶段过程划分，要真正提升教学统整能力考虑要素的优化组合和阶段的统一性。

4.开展行动研究

教育领域的行动研究，是指从业人员在教育领域，以提高教育的质量和效率的行为为目标，思考和实践为主要手段，有机结合行动与研究，从而提高教育实践活动和能力。行动研究主旨在于加深对教育实践的理解，切实解决教育实践中的实际问题，良好的可操作性和实践性，成为解决在新课程实施中存在问题的重要手段。行动研究的过程如下：

（1）在进行行动研究之前需要制订方案、构建新的教学行为模型。

（2）进行初步尝试，将新的教学行为应用到教学实践中，初步验证新教学法的可行性和有效性。作为理论研究的结果，方案设计阶段所构建教学行为的可行与否、有效程度，必须由教学实践才能加以回答。

（3）反思行动，对教学行为在初步实践考核的基础上进一步修订和完善。

（4）再次验证，力求教学行为的完美。新的教学行为方式只有经历反复验证，才能证明其科学性和普适性。经过修正完善后的教学行为对新课程理念的契合性，所面临的困难或挫折的未知性，均有赖于几个周期的实践检验和纠正。只有经历多次实践的检验和修正完善，才能使一种新的教学行为由不成熟逐渐走向成熟。

（三）结合高中思想政治课堂教学，提升教师引领能力

教育情怀是提升高中思想政治教师教学素养的心理、态度基础，专业知识是提升高中思想政治教师教学素养的认知基础，在心理和认知基础之上，要进一步提高教师教学素养，还应该以目标（引领功能）为导向不断提升教学能力。

1. 明确高中思想政治课的教学引领内容

高中思想政治课程改革的理念是为了每一位学生的发展，学生是学习的主体，教师是教学的促进者和引导者。为此，高中思想政治教师要充分调动学生学习的主动性，提高学生参与教学的积极性，引导学生质疑、合作、探究，并在课堂教学活动中激发、维持学生的学习动机，促进学生学习过程的主动生成。为了实现以上的目标，高中思想政治教师要进行角色定位。教师应具备激发学生学习动机、维持学习兴趣和促进学生进一步深入学习的能力。高中思想政治教师要创设能够引导学生主动参与的教学情境，激发学生的学习积极性；创设宽松的学习环境，开展案例教学，建构活动型课堂；开发高中思想政治学科校本课程，使思想政治教学贴近学生生活，提高学生参与教学活动的积极性。

高中思想政治课程的根本任务、根本目的及性质决定高中思想政治教师肩负着引领学生树立正确的政治方向、引领学生树立共产主义的远大理想、引领学生品德发展等重任。因此，高中思想政治教学个性化引领的内容包括：价值观、品德发展、意识形态领域、中华民族优秀传统文化。

（1）价值观引领的目标是促进学生树立正确的世界观、人生观和价值观。追求公平、正义、自由的普世价值观，尊重生命、自然，拥有人道关怀和同情感恩之心。

（2）引领高中生品德发展的目标是促进高中生道德发展，使高中生能够做出正确的道德判断，产生良好的道德行为，适应现代社会对人的时代要求，对个体生存、发展、享受产生积极影响。

（3）在意识形态领域进行引领，引领高中生热爱祖国，拥护中国共产党的领导，坚持正确的政治方向，树立中国特色社会主义的共同理想和共产主义的远大理想，树立中国特色社会主义道路自信、理论自信、制度自信和文化自信，树立社会主义核心价值观等。

（4）引领高中生继承我国的优秀传统文化，中华文化源远流长、博大精深，其中一些优秀的、积极的、健康的、依然能够适应现代社会发展的，在今天被公认的有价值或者优秀的文化，如爱国、团结、爱好和平、正气、廉洁、孝顺、仁爱、勤劳勇敢、尊师重道、谦逊礼让、自强不息、恪守诚信等。

2.利用高中思想政治课教学提升引领能力

提升高中思想政治教师教学能力的方式、途径多种多样，例如，开展业务培训、观摩优质课、同伴互助等。例如，可以在开展案例教学过程中，提升高中思想政治教师的教学能力。所谓的案例教学就是高中思想政治教师在课堂教学中，为学生提供案例供学生分析与思考的教学方法。案例教学法不仅仅只是一种教学方法，而是目前最提倡的一种综合性的教学方法，它涉及到高中思想政治教学观念的更新，教学方法的选取，还涉及到教师统整、研究、反思能力的创设。将案例融入辨析式教学活动中，既关注教学能力的提升，又关照了教学引领素养，对于全面提升高中思想政治教师的教学素养具有重要的作用。

将案例作为辨析教学活动的载体，为了顺利开展辨析式教学活动，高中思想政治教师也要提高自身的价值判断力。在多元利益和价值诉求的今天，人们经常会在价值判断、行为选择中无所适从，高中思想政治教师应努力提升自己的价值判断力，努力在纷繁复杂的社会环境中做出正确的价值判断。正确的价值判断需要基于正确价值观。只有具备正确的价值观才能做出正确的价值判断。因此，高中思想政治教师要善于用社会主义核心价值体系引领自己价值判断和价值选择。

第二节　高中思想政治教育教师的人格魅力塑造

人格魅力提升可以理解为提高人的各种心理特征水平，如性格、气质、爱好、兴趣等，吸引他人的力量。高中教师人格魅力提升，表现在教师日常教学或生活的一言一行对教育对象影响力的不断扩大。

一、教师人格魅力的表现及提升必要性

（一）教师人格魅力的一般表现

教师人格魅力表现在教师的各个方面，既有外在的，又有内在的，既体现在教师举手投足之间，又深藏在教师的内心深处。教师人格魅力一般表现在以下四个方面：

1. 渊博的知识

渊博的知识是其人格魅力的一个表现形式，也是增强高中该课程吸引力的一个条件。高中思想政治教师渊博的知识主要体现在他们不仅熟练掌握该课程课本上的理论知识，还要掌握该课程的相关知识，关注该课程的现实问题和前沿问题。扎实的理论知识，可以使高中思想政治教师在课堂上深入浅出地进行讲授，使得晦涩的理论知识变得生动、鲜活起来。丰富的课程相关知识，利于教师在课堂讲授时引导学生思考该课程的相关问题，解答学生学习时遇到的疑难问题，提起学生学习该课程的兴趣。关注该课程的前沿问题，利于引导学生把课本知识运用到解决实际问题当中，把枯燥的知识变得充满乐趣。

2. 对学生的爱

对学生深厚的爱是高中思想政治教师人格魅力的重要表现形式之一，也是决定教师能否在学生心中树立良好形象的关键因素。对学生的爱可以理解为关心他们的学习情况，尽力满足他们在成长过程中对爱的需要。对他们的爱具体表现在以下几方面：

（1）正确对待学生的成功与失败。对于学生取得学业的进步，教师要及时进行肯定，充分利用物质奖励和精神鼓励，使学生感受到教师对他们的关心和爱；当学生在学业当中遇到困难和挫折，教师要及时安慰和关心，勉励他们越挫越勇，争取下次取得好成绩。

（2）关注学生学习以外的部分。教师除了关注学生的学习情况，还要关注学生的日常生活情况，把对学生的关心贯穿到学生的整个高中学习生涯，覆盖学生成长的每一个方面。

（3）正确对待学生的个性。对于他们的个人需要，教师不能用同一个标准进行要求，强制把他们拉齐补平，这样会对他们的个性发展不利，不利于他们差异化发展，最终将导致他们的同质化。教师对他们的爱应该体现在教师善于根据他们的差异性，制订专门的学习计划，促进他们更好更快地成长。

3. 道德品质

教师人格魅力还体现在其具有崇高的道德素养。与其他学科的教师相比，该课程教师除了传授理论知识外，还帮助学生树立正确的思想观念，所以他们在道德素养方面表现得更为崇高，具体表现在以下方面：

（1）热爱教育事业。对教育事业十分热爱和忠诚，把教育事业当作个人终生奋斗的人生目标，把个人有限的生命投入到教书育人的事业当中去，拥有很强的责任感和使命感，把讲授好思想政治理论看作义不容辞的责任，在教育事业中体验个人快乐与幸福。

（2）注重个人言行举止。教师在日常教学过程中主动按照相关规范要求自己，树立良好、正面的师德形象，遵纪守法，与人为善，作风正派，严于律己，自觉抵制不良风气的影响，使个人的一言一行都给予学生正确的示范，传递青春正能量。

（3）拥有博大的胸怀。教师始终坚持以学生为本的理念，创设轻松的教育氛围，对于学生的质疑给予耐心的答复，给予学生充分的话语权，使学生在这种良好的氛围中全面、健康发展。

4. 教学艺术

高超的教学艺术是高中思想政治教师人格魅力的最直接的表现形式之一。高中思想政治教师不仅仅要讲授好思想政治理论知识，还要给学生传递美好的思想，塑造好学生的思想灵魂，把学生带入真理和知识的海洋，使学生学会追求真善美。他们具有高超的教学艺术，可以激发教育对象的求知欲望，使他们愿意、自觉吸收教师所讲授的内容。高超的教学艺术具体体现在以下三点：

（1）认真学习、思考、研究教育教学艺术。教师既学习教育教学的理论知识，丰富个人教育教学的理论素养，还向校内、校外的优秀教师学习教学方法，并对自身的教学方法进行改进和完善。

（2）仔细研究教育规律。高中思想政治教师不仅满足于研究常规的教育方法、教育原则和教育规律，提高个人的教学艺术。

（3）掌握了现代教育教学技术。当前，教育教学技术发展十分迅猛，并对于知识呈现和学生学习有很大帮助，高中教师及时学习最新技术，使得学生多种感官参与到学习当中来，提高自身的教学艺术。

（二）教师人格魅力提升的必要性

提升高中思想政治教师人格魅力可以增强思想政治教育的吸引力，提高它的育人效果，因此，提升其人格魅力十分必要。

1. 理论需要

（1）教师人格特征理论。当前对于教师人格特征理论的研究是从人格类型理论中分化出来的，人格类型理论是关于择业者的人格特征与职业类型相适应的理论。在适合自己的工作条件当中，个体能够很好地展示自己的才能，阐明个人的观点，可以圆满完成相应的工作任务。职业人格指的是在特定的职业环境和氛围当中形成的，相同的职业从事者的行为均有相似性，并与其他的职业从事者存在显著的差异。教师人格可以理解为这一共同体所特有的人格特征，这是他们在工作中体现出来的行为规范。根据教师人格特征理论，我们可以知道教师这一职业与其他职业有显著的区别，而且教授不同课程的教师之间也存在区别，因此，把握好教师人格特征，根据教师人格方面存在的问题进行修正，提升教师的人格魅力，使教师个性与教师职业特点、课程特点相适应，才能保证课程教学获得很好的成效。

（2）人的全面发展理论。人的全面发展是一个人在多方面的全面发展的人，人的全面发展包含了个体的智力、身体、兴趣、道德等全方位的发展。对高中思想政治课教师的人格魅力进行提升，实质是在促使其的全面发展。由于教学是教师教和学生学的双向活动，教师得到了全面发展，他们在日常教学中又会对学生产生潜移默化、润物细无声的影响，进而促进学生的全面发展。

2.实践需要

（1）知识经济时代的挑战。当前，我们已经步入了知识经济时代，知识呈现几何级增长，知识出现大爆炸现象，知识经济时代涌现出了一批新知识、新技术、新观念，这给高中思想政治教育造成了极大的冲击和挑战，这也使得在高中时期提升教师人格魅力显得尤为迫切。随着知识经济的深入推进，一些西方文化也逐步渗透到我国，使得我国的思想出现多元化，引发文化冲突，在多元文化下，造成了许多人思想混乱和迷茫。因此，高中思想政治课教师要注意人格魅力提升，注重民族文化的宣传，巩固社会主义文化的主导地位。知识经济时代的到来使得信息更新十分迅速，人们的思想也随之变得复杂，当前，我国的高中思想政治教育方法显得单一，无法适应知识经济时代的需求，这就需要教育方法随之变得多样化。此外，知识经济时代的到来使知识的种类、数量、层次都有很大的提升，学生对于知识的选择性也大大增强，由于思想政治枯燥无味，很少有学生愿意学习相关知识。因此，他们要注意提升个人人格魅力，增强知识的可读性，增强课程的吸引力。

（2）"微文化"的挑战。在"微文化"时代，信息庞大而复杂，好坏不一，有关部门对于这些信息很难监控，这给高中生造成影响。高中生是一个敏感脆弱的群体，他们虽然渴望成熟，但心理和行为往往不够成熟，新媒体的一些负面信息最容易影响到他们。在传统媒体主导信息传播的时期，监督管理高中思想政治教育相对容易一些，因为可以从思想教育信息内容进行把关，剔除有害的信息，筛选出先进、积极、正能量的思想进行信息传播。然而，进入"微文化"时代，新媒体可以很自由、很随意地传播大量信息，这使得监督管理工作变得很困难。

（3）教育对象个性化追求更为强烈。个性化指的是不同于大多数事物的东西。个性化既包括了大多数事物相同的东西，又有许多特别的元素，使得个体的特征比较突出。在新时代，高中生的个性化特征显得更为突出，而且对个性化追求更为强烈。因此，提升个人人格魅力时，要注重教育对象的个人需求，这样才能取得比较好的教育效果。

二、高中思想政治教师人格魅力塑造的对策

（一）教师采取多种方式提升自身人格魅力

1.不断学习，丰富个人的知识储备

丰富的知识储备是他们人格魅力的重要构成要素，也是他们人格魅力在课堂教学中最生动、最直接的体现。教师只有具备广博的知识，方能准确清晰地表达给学生，学生才愿意听，这样才能引起学生强烈的共鸣，这样才会产生巨大的教育影响力，才能使学生对其产生崇拜心理。教师丰富的知识储备如下：

（1）教师要有精深的专业知识。高中思想政治教师应该成为自己所教授学科的专家，对本专业本学科有较深入的研究，并在该领域有所建树，这样才能引起学生的崇拜。

（2）教师要有广泛的教育教学相关知识。高中思想政治教师除了有扎实的专业知识外，还应该广泛涉猎教育学、心理学、经济学等方面的知识，这样才能对学生进行因材施教。

（3）教师应及时掌握新知识。随着互联网的飞速发展，信息呈现几何级的增长，一些新知识也如雨后春笋一样快速增长，我们也步入了"微时代"，教师只有与时俱进，及时掌握新知识才不至于与学生产生沟通的隔阂和鸿沟。

2.求新求异，培养创新意识

由于高中该课程的学科特性，决定了该课程教师必须富于创新意识。高中思想政治教师应该具备一种革故鼎新的创新精神，在课改的背景之下，全方位、多视角地思考高中思想政治课的改革问题，要从教育内容、教育方法、教育理念等方面着手，一步一步、由表及里、由浅入深地对高中思想政治课进行改革与创新。此外，高中思想政治教师还要逐一与学生谈话，了解不同学生的个性特征，并针对学生的个性差异，因材施教，为每一位学生制订个性化的教学方案，实现每一个学生的全面、自由发展。

3.民主平等，从心底地尊重学生

高中思想政治教师的人格魅力更在于他们从心底地尊重学生和坦诚面对学生。教师只有从心底地尊重学生和坦诚面对学生，师生才能处于一种和谐、融洽的氛围之中，学生才会放下防备的心理，双方才能进行心灵的沟通。在这种情况下，教师才能毫无保留，倾囊相授。相应地，学生在教师爱的感召下，也会刻苦学习，自觉克服学习上的挫折。此外，教师还应该放下教师的身份和架子与学生平等相待，对于学生提出的问题，要耐心解答，语气要平和，避免学生产生畏惧心理。对于学生取得的成绩要及时给予赞许和肯定，并勉励他（她）再接再厉，争取下次取得更好的成绩。作为一名高中思想政治教师，不应该仅仅把自己的角色定位为知识的传播者，更应该成为学生的知心朋友和无私奉献者，要学会

利用自己的爱心温暖他们，用自己的奉献精神感染他们，用自己的人格品质塑造他们，使自己成为他们学习的榜样，学生在榜样力量的激励下学习的积极性才能完全调动起来。

（二）国家为教师创造适宜的外部环境

社会风气是一个国家人民精神面貌的真实写照。良好的社会风气可以使得高中思想政治教育工作开展事半功倍，而不良的社会风气则造成该项工作事倍功半。因此，国家应该加强良好社会风气的营造，具体做法如下：

第一，加强积极、健康环境的营造。国家要加大健康、向上文化的宣传力度，改善我国社会风气，构建健康、有序的社会环境。

第二，营造尊师重道的氛围，提升高中思想政治教师的自我效能感，使得教师职业为人们所羡慕，教师愿意为之奉献自己的青春。

第三，加大打击破坏社会风气的力度。国家对于破坏社会风气的违法犯罪行为要加大打击力度，使得社会不良风气的势头可以有效遏制，这样良好的社会风气才能生根发芽，茁壮成长。

第三节　高中思想政治教育教师的专业发展优化

所谓专业化发展是指一个人在职业生涯中不断地累积专业经验，提升自己专业素养的过程，这一个过程既可以是个体自觉主动地学习和反思的过程，也可以是通过外在因素或压力而被动实现专业成长和发展的过程。教师专业化发展是新世纪面临的新话题，新课程下的教师角色及教师工作的特点发生了很大的变化，全新的教育理念和教学方式要求教师要不断地学习并形成新的教育教学的基本理论和技能技巧。教师专业化发展的内容和形式有了根本的变化，目前，我国形成了各种形式的教师培训来帮助教师实现专业化发展，主要有新教师的职前培训、在职教师的继续教育和进修学习、骨干教师培训等这些培训形成一个有机的整体，有目的地促进教师的专业化发展。

一、思想政治教师专业化发展的特征

（一）实践性与自主性相统一的过程

任何一位教师的专业化成长和发展都离不开具体的教育教学实践，这是实践性的根本意思。教师要学习教材的内容，要对教学进行设计和安排，要在具体的课堂教学中实施教学方案，与此同时，教师要在实践中不断地总结、反思，对教学进行归纳和提升，所有这些都是在实践中进行，也是在实践中完成的。可以说，实践是教师专业化发展的根本前提和基础，如果没有实践，任何专业的发展和成长都会成为无源之水、无根之木，专业化发展将不可能。因此，实践性是思想政治教师专业化发展的根本特征和前提条件。

教师专业发展的自主性是指教师的专业成长是一个成为自己的过程，也是形成教师个人独特教育教学风格的过程这一过程是教师自主选择、主动参与的，有目的、有意识的专业建构过程。一方面，教师自主地设计和选择适合自己的教育教学方式，自主地进行教学设计、教案编写和教学实施；另一方面，教师对个人的职业有自己的追求和目标，对自己的职业生涯有个体的规划，这两方面相结合使教师的专业化发展凸显出自主性，它是教师个人主观能动性的具体表现。随着新课程的深入改革，教师职业将会变得更加自主，教师也将变得更为自尊、自信和自豪，这是教师专业化发展的必然趋势。

（二）阶段性和连续性相统一的过程

政治教师专业化发展具有阶段性，一般而言，大多数政治教师的成长都经过如下阶段：

第一，模仿阶段。模仿教学就是教师依照教材的内容和他人的教学经验，按部就班地开展自己的教学活动，这是新教师成长的必经之路。教师在教学之初，总会有一个模仿的过程，模仿他人的教学方式方法、教学语言、教学态度、教学过程等，照搬他人成功的教学经验，这种模仿对于初为人师的教师来说无疑是非常重要的，它可以使新教师吸收他人的成功经验，缩短自己的探索过程，少走弯路，更快地适应教师工作。

第二，熟练阶段。经过模仿教学阶段，教师积累了一定的经验，并能根据自己的需要和具体的教学情况灵活运用各种教学方法，开始摆脱模仿的束缚，逐渐把教材的知识、他人的经验和自己的经验相互结合，融会贯通，在教学中熟练地运用。

第三，创造阶段。创造阶段是指教师能够运用自己的经验和能力创造性地组织和开展教学活动。具体表现在：教师能自觉地不断优化课堂教学设计，教学方式方法富有变化且适合学生的身心发展特点，教学活动形式多样，教学手段不断更新等。这种创造性的教学阶段充分表现出教师个人的独立探索和精益求精的精神。

第四，形成教师独特的教学风格阶段。教师经过较长时间的独立探索和创造，积累了一整套极具个性特点的教学经验和做法，这些经验和做法在教学的各个环节、各个方面稳定地表现出来，形成个人鲜明的特色。这是一位教师专业发展走向成熟并形成良性循环的阶段。

总之，政治教师专业发展必须立足于实践，立足于形成个人独特的教育教学风格。任何一个政治教师的专业发展都大致经过模仿—熟练—创造—再模仿—再熟练—再创造的过程，这个阶段是有机统一的过程，也是一种螺旋式上升的趋势，它体现了政治教师专业发展的连续性，模仿和熟练的阶段是政治教师进行创造和形成个人风格的基础和保证，而创造和风格的形成（再模仿）阶段又是对模仿和熟练的继承和超越。

二、思想政治教师专业化发展的路径

政治教师专业化发展主要由两个因素决定：一是教师个人的事业追求，这是专业化发展的内在因素，也是关键性的因素；二是教育主管部门和学校对教师进行的有组织、有计划的培训和培养，这是外在因素，它可以在一定程度上促进教师的专业化发展。如果说，教师个人对事业的孜孜不倦的追求是教师专业化发展的基本动力，那么，教育培训和培养就是教师专业发展的助燃剂，这两个因素相互结合，共同作用，极大地促进教师的专业化发展。因此，政治教师专业化发展的主要途径有内外两个层面。

（一）内在途径

教师的自我发展是指教师在专业发展中的自我完善、自我更新，它是教师在专业上的自主意识和自主能力。教师专业素质的提高和完善，需要教师通过教育教学实践和在实践过程中的不断反思、批判等自我审视，从而获得新知、提高能力和全面提升个人的专业素养。这是一个循环往复、螺旋式上升的过程。具体来说，从教师个人自我发展的角度来看教师专业化发展，可以通过以下方法进行：

1.树立终身学习的观念，坚持教学相长

终身学习就是教师要树立"活到老，学到老"的观念，学习应该成为思想政治教师的生活方式和生活习惯。教师的职业特征决定了教师要广泛涉猎不同的知识，兼收并蓄，不断充实自己、发展自己。学习是教师专业化发展的第一步，也是非常关键的一步。甚至我们可以说，教师的学习是教学成功的根本保证。教师的教学，先是一个学习的过程，教师必须要学习教材的知识、了解学生的身心发展的特点和学习相关的教学理论知识，课堂教学的过程正是这些知识的有机整合。教师的教学同时是一个积累经验、增长知识和才干的过程，也是一个发现问题、解决问题的过程。因此，教师的学习是为了教得更好，教师的教反过来又促进了学生的学习和教师个人的学习。

2.立足教学实践，重视生成性发展

教师正是在教育教学实践中形成和发展自己的专业素养的，所谓的生成性发展，就是在实践过程中自然而然形成的教师的能力和素质。真正意义上的教师专业发展不是基于行为主义基础之上的教师能力本位的发展，而是基于认知情景理论的"实践智慧"的发展。也就是说，教师在教学实践中对自身的课堂教学的不断总结和反思，探索教育教学的规律，从而形成自己独特的教育教学风格，这就是"实践智慧"的发展。或者更为确切地说，教师对自身教学不断反思和提高的过程就是一种"实践智慧"。这种智慧不是从理论而来，也不是从他人而来，而是在实践中自然而然得来的，这就是一种生成性发展。

3. 进行教学反思，促进教师专业成长

反思是一种批判性思维，就是教师对自己的教学活动进行批判性思考，包括对教学目标、教学方法、教学过程，以及教学观念的再思考。教学反思可以是对一节课的反思，也可以是对某一片段或一种方法，甚至是一个问题的思考，通过教师自己对自己的思考获得一些启示，从而有助于今后的教育教学活动。教学反思是教师认识自己的教育教学能力的过程，也是教师自觉培养和提升教师素质和能力的过程。它既是一个教师认识自我的过程，也是一个创造和超越自我的过程。

教学反思有助于教师形成严谨、优良的专业精神，实现专业的自主发展和常态成长，有助于教师保持积极的研究心态来面对教学，充分发挥教师个人的专长和特点为教学服务。因此，新课程改革以来，越来越多的教师开始重视教学反思能力，通过反思构建自己合理的专业知识结构和能力结构，全面提升教师的整体素质。

（二）外在途径

第一，通过集体备课和科组活动，发挥教师的集体力量引导和帮助教师个人的专业发展。每一个学校都有集体备课制度，它是指相同科目的教师共同学习教材内容，设计教学方案和共同解决在教学中出现的问题或难题。一般而言，每一个科目都有专门的时间是属于集体备课的时间，集体备课可以发挥教师的团体力量，新老教师相互讨论、相互交流，不仅有利于新教师的成长和发展，而且也有助于老教师吸收新的教育教学新技术，这种集体备课的方式是新老结合的有效模式，也是教师专业发展的外在推力。

第二，开展公开课活动和优质课评比活动，带动教师进行有目的、有计划的教学改革和交流，从而促进教师个体的专业发展。

第三，积极参与教育培训和继续教育活动，全面提升教育教学的理论素养。教师在职培训与每一个教师都有密切关系，即使是那些既有合格学历又能胜任工作的教师，包括优秀教师，也面临不断提高和精益求精的问题。教师的在职培训，实际上就是教师的终身教育，它不是一时的权宜之计，而是经常性的工作。

目前，我国主要有三种培训方式帮助教师实现专业的提升和发展：①针对新教师采用的新教师职前培训，这种类型的培训有助于新教师尽快进入教师角色，进行职业前的有针对性的训练和学习使教师快速进入专业化发展的初始阶段；②针对中青年教师进行的骨干教师培训，这种培训主要针对有一定教学经验的教师，通过培训，使他们不仅在教学方面有所提升，而且促进教师成长为"研究型"的教师；③继续教育的形式，这是对于大多数教师通用的培训形式，可以提升教师的教育教学理论水平。

总之，教师要积极主动地参与各种形式的培训和学习，不断提升个人的教育教学能力和水平，从而全面地提高教师的综合素质。

第六章　高中思想政治教育课外活动管理

课外活动承载着思想政治教育的职能，科学分析并组织课外活动是强化新时期思想政治教育的重要环节。本章基于课外活动的作用及影响因素，从高中思想政治教育课外阅读、参观活动以及社会实践三个方面，对高中思想政治教育课外活动进行分析。

第一节　课外活动的作用及影响因素

课外活动是由教师引导高中生自主开展的有目的、有组织、有计划的，以教材内容为基础的，不受教学场地限制的，利用课堂以外的时间开展的多种多样的活动。课外活动作为学生在校生活的一个组成部分，对学生的健康成长意义非凡，它的目的是为了培养高中生的思想政治学科核心素养。

相对于高中思想政治课其他的教学活动，它具有五个特点：①综合性。课外活动内容超越教材，场所远离教室，是多门学科，多种知识的整合。通过课外活动，把学生带向更为宽广的学习领域，更广阔的学习空间。②实践性。学生通过直接参加活动身临其境，感同身受，可以把理论转化为实践。③自主性。课外活动尊重学生的主体地位，学生可以独立开展。④丰富性。课外活动的内容以相关学科的课程标准和教科书为基础，丰富的世界就是课外活动的内容库。课外活动的开展，可以根据活动的需要不分学科逻辑，不分年代远近，更不分知识呈现的先后顺序围绕活动主题自由选择内容。⑤灵活性。课外活动的开展一切依情而定，因人而异，不强求一种形式，也不拘泥于一个标准。活动的规模、流程、时间都可以灵活调控，因需而定。活动形式强调活泼丰富，只要贴近主题，符合实际，都能够作为选择的目标。

一、课外活动的作用

课外活动作为教师引导学生开展的活动，它有具体目标，以教材为基础，利用课堂教学以外的时间开展的多种多样的活动。对于培养高中生的思想政治学科核心素养有重要的作用，课外活动关注亲身实践，能在情境中培养高中生的政治认同，课外活动遵从认知规律，能在探索中培育学生的科学精神。课外活动立足直接经验，能在体验中培养学生的法治意识，课外活动回归生活世界，能在过程中拓展学生的公共参与。

（一）关注亲身实践，在情境中培养高中生的政治认同

1.课外活动创设的情境具有针对性，可以传递政治知识

一方面，激活知识。课外活动相对于高中政治课的课堂教学而言，重在将知识嵌入具体可感的情境中，要求学生在具体情境中观察，思考，从而提升认识水平。建构主义认为，学习的实质是意义的建构，也就是学习其实是在即将学到的知识和个体认知结构中已有的知识学习上建立起一种联系。只是这种联系不是自发形成的，它需要新旧知识之间形成互动，也就是要求个体要到具体的情境中去，在具体的感受中获得体验，进而建立起联系。这样一来，个体的知识是具体到场景中的，而不是虚无的、飘浮的。

另一方面，整合知识。高中政治课的课堂教学所传授的政治知识是一个个单独的知识点，它们之间虽然有内在的逻辑联系，但从表现形式上看都是一个个孤立的符号，而政治知识本身其实应该是立体的、丰满的整体。通过课外活动创设的情境，可以让学生在真实的情境中实现知识的整合，建构出独属于自己的政治学科知识体系。

2.课外活动创设的情境具有感染性，可以形成政治情感

思想政治教育者根据教学内容的需要，创设有感染性的情境，通过情境激起学生的感情，自然而然地形成一种推动学生学习的精神动力。情境德育特别强调利用"境中之情"去拨动学生的琴弦。通过课外活动创设的情境和学生之间形成情感共鸣，让学生潜移默化地把感受到的情感内化为自身的真实情感。

3.课外活动创设的情境具有可控性，可以坚定政治信念

课外活动创设的情境具有可控性，能够由思想政治课教师操作和控制来坚定学生的政治信念。一方面，思想政治课教师可以根据教学目标来选择适宜的课外活动；另一方面，思想政治课老师在活动开展的过程中，可以控制活动的进程，在活动过程中，充分引导学生进入到预设的情境中，如果发现出现偏差，可以给予及时的纠正。

（二）遵从认知规律，在探索中培育学生的科学精神

当今世界，各种思潮涌流交汇，人们要在这些思想的影响下选择正确的价值取向并不是一件容易的事情。当代高中生作为中国特色社会主义事业的接班人，培养他们的科学精神必不可少。要培养学生的科学精神，必须要让学生在实践中感受到科学精神、科学思维和科学方法。从而激发学生想要学习科学精神的热情，明了科学实践的挑战，以及敢于接受和勇于探索的态度。

认知过程具有一定的知觉倾向性。学生对于科学的热爱往往是从好奇和直接兴趣出发的。课外活动虽然有既定的活动计划，但这个计划只是一个活动发生的大概路径，至于活

动中具体每一步发生的种种可能性并不详细规定，学生需要在探索中选择推进策略。这个探索的过程正好给新刺激提供了和原来的正向刺激匹配的途径，进而激发学生的兴趣。

（三）立足直接经验，在体验中培养学生的法治意识

体验是每个个体的亲身经历，是个体在日常生活中经历的大大小小的事情在大脑中留下的印象，很真实，也很具有个性化。感受越深刻，记忆就越牢固。体验活动带给人们的经过大脑加工的主观看法，因而，这种活动可以优化体验者的认识结构，升华体验者原有的知识，让体验者获得满足，获得发展。课外活动作为教育者为实现一定的教学目标而组织的活动，最重要的就是让学生在活动体验中获得深刻的认识，进而实现教育目标。

知识的获得一般有两个途径，一个是来自书本上的间接经验，一个是来自生活实际的直接经验。法治知识的获得也来自于这两个渠道。当前的高中思想政治课所传授给学生的法治知识主要是来自于书本的间接经验。而课外活动能提供给学生的体验获得的知识，不是通过抽象、类化、图式化来认识客体，而是直接"面对万物本身"获得的认识。在活动的体验中，一方面学生能感受到知识的鲜活真实；另一方面，可以补充教材遗漏的内容，丰富学生的知识，使学生充分、全面地认识法律及法律的社会功能。

当前高中的思想政治课教给学生的是对法治的观点、观念和概念。但培养学生的法治意识仅仅掌握这些观点、观念和概念是远远不够的。这些内容只是奠定了学生法治意识素养的知识基础。但是在课外活动的体验中，学生不但会根据所学知识尊法、守法，更重要的是会用这些知识去观察分析法律统治下的社会现象，去判断社会行为是否合法。在这种分析判断的过程中，学生更加深刻地理解了法治的内涵，明白法治是有根基，有坚守，有执行的，进而认识到法治是有价值的，有意义的。

（四）回归生活世界，在过程中拓展学生的公共参与

事物的运动变化和发展都有一个过程，包括人的活动，也是过程。学生在参与课外活动的过程中，增强公共参与意识，拓宽参与渠道，承担作为一个公民的责任。

在高中思政课上，关于公共参与的内容多为政治术语，比较抽象，仅仅依靠课堂上的讲授难以使学生切实领悟到公共参与的重要性，进而增强公共参与意识。通过课外活动，高中生可以在活动过程中加深对所学内容的理解和感悟，来增强参与公共事务的意识。如参加学校的党团活动，观摩人大代表的选举活动等，都能让参与其中的高中生切实感受到政治民主，了解政治体系的运转，知晓具体政治活动的程序，进而明确自己能在这些活动中发挥的作用。当高中生发现自己能参与到与自己的切身利益相关的事情中去，并可以通过合法的行使权利来维护自身的利益时，他们自然会产生对公共事务的兴趣，自觉主动地

参与到公共活动中去，进而提升政治效能感，强化公共参与意识。

二、课外活动的影响因素

课外活动对于高中生思想政治学科核心素养的培养有十分重要的作用，但是影响课外活动充分发挥作用的因素却很多，包括政策供给、社会支持力度、活动开发力度、活动管理效率、活动评估和活动保障因素。

（一）政策供给因素的影响

政策在社会生活中能够起到引导作用，因而教育方面的各类政策能够指引教育活动，落实相关教育政策，能够促进教育事业的发展。

教育不仅要关注结果，关注知识的传授，更要关注创造力，关注过程，关注能力。但是专门针对课外活动开展的政策不多，没有政策的指导，活动的开展就无章可循，更没有办法落到实处。

课外活动的目标要符合教育改革的目标，要能促进学生的全面发展，发展学生的社会实践能力，要在符合国家要求的前提下，满足学生的不同需求。课外活动的内容要符合国家相关政策的要求，以便满足学生的需求。课外活动的实施要依法依规，有序落实。课外活动的评价要依靠国家相关活动标准来衡量。

总之，只有符合教育改革的趋势，课外活动才能顺利进行。政策供给不足，会使课外活动难以达到预期的效果。课外活动不能达到预期效果，则会导致课外活动在培育学生的核心素养过程中无法发挥应有的作用。

（二）社会支持力度因素的影响

社会支持因素是指社会资源部门及其人员和家长对学校开展课外活动的认识和理解程度、支持和配合程度、关注和介入程度。现代学校教育不再是学校封闭式办学，而是更加注重学校教育和社会教育的结合，争取社会支持，把教育从学校范围扩大到整个社会，融入社会教育中。只有得到多方支持，课外活动才能正常开展，唯有如此，才能发挥课外活动在培育高中思想政治学科核心素养中的作用。

1.学校和社区的支持

如果课外活动仅仅局限于学校内部，得不到相关部门及其工作人员对它的关注和支持，甚至存在阻力和障碍的话，课外活动无论在资源开发还是在组织场地等诸多方面都会存在困难。如此一来，课外活动只能在相对封闭的学校系统中进行。但是课外活动的开展需要到实地观察，如若得不到有力配合，就不能取得相应的效果。反之，如果能够得到社会各部门的鼎力支持和协助，便能营造促使课外活动更好开展的氛围。

2.家长的支持

对于能否让孩子参加课外活动，家长还有一些疑虑。诚然，课外活动可以促进学生在活动中习得知识，发展能力，培养政治学科核心素养。但是刺激家长紧绷的那根线的是安全问题，为了孩子的安全，家长会制止孩子参加课外活动。只要家长不支持，课外活动就没法开展。家长是学生的监护人，争取家长对课外活动的支持非常重要，因此，要在安全措施这部分下功夫，确保不出安全事故，让家长放心。

（三）活动开发因素的影响

要开展课外活动，必须要有活动才行，不然就是无本之木，因此，活动的开发是一切的基础和前提。要满足培养学生核心素养的目的，首要的就是做好课外活动的开发工作。开发适宜的活动是发挥课外活动在培育高中思想政治学科核心素养中作用的基础。

活动开发意识是活动开发利用的基础，直接影响到活动开发的实际行动。如果课外活动开发主体开发意识不足，不能自觉进行活动开发，将会造成课外活动的形式和内容变化不大，时代性不强。正如我们现在所看到的一些课外活动，大多是长期延续下来的，固定不变的，并不需要教师去开发，也没有体现时代内容，有的甚至都已经过时了还在继续沿袭，完全影响课外活动作用的发挥。但是如果课外活动的主体活动开发意识强，能够不断更新活动，就会让课外活动的生命力迸发。

课外活动开发能力也是一个重要的影响因素，有了活动开发意识，活动开发能力得跟上。并非所有的活动都可以作为学生的课外活动。只有那些经过开发并真正融入学生生活的活动才能成为学生的课外活动。课外活动的开发不是照搬生活和教材，而是通过组织者的创造性加工，使其能够促进学生的活动开展，培育学生的核心素养。如果活动开发主体的活动开发能力不足，关于课外活动开发的理论和实践水平不够，即使开发活动的意识再强烈，也不知道从哪里入手进行活动开发。这会打击很多活动开发主体的活动开发积极性，甚至有一部分活动开发主体认为活动开发的工作本来就不属于他们的能力范围，他们还是按着以往的活动形式开展就好了。长此以往，很多有价值的可利用的活动资源会被闲置和浪费。

对于现有课外活动的资料的保管也是一个很重要的因素，现有的课外活动的资料非常重要，它们既是过去活动的总结，也是创新活动的灵感来源。如果不好好保管这些资料，会让我们的活动开发工作缺乏历史基础。没有这些基础，课外活动的开发就没有根基，更不论它能否在培育学生的思想政治学科核心素养中发挥作用了。

（四）活动管理效率因素的影响

课外活动开展的好坏，很大程度上取决于对它的管理。管理是保证课外活动实现活动目标的重要手段，伴随着活动类型和规模的扩大，管理的重要性愈加明显。关于课外活动的管理，涉及到管理制度、管理人员和管理内容等方面，这其中的每一个方面都会影响整个活动的管理效率。活动管理不力，必然影响其在培育高中思想政治学科核心素养中的作用发挥。

就课外活动的管理制度来说，要实现有效的管理，必须要有完善的制度。如果课外活动的管理制度并不完善，在课外活动开展过程中，存在一些制度缺位的问题，当管理条例的执行没有根据所依，或者有些规章的标注含糊不清，管理者的执行力就有待考量。但如果有完善明晰的课外活动管理制度，在课外活动的管理中，能够做到权责分明，则会提升课外活动的管理效率。

就课外活动的管理人员来说，由于课外活动涉及面广，很多事物的管理往往牵涉到很多部门，但是由于学校的每个部门是独立开展工作的，课外活动的管理人员就不太好开展工作。如果没有一个专门的管理小组，专人负责课外活动的各项事务，则会导致在有些事务的管理上出现相互踢皮球的现象，或者有些事物出现重复管理的现象。这都会严重影响课外活动开展的进程和效果。但是如果能够成立一个课外活动的专门领导小组，由它来全权负责处理课外活动的所有工作，来统一安排协调所有的事项，专项事务专人负责，需要相关部门配合的确定清楚权责后再去请求相关部门协同处理，这样则可以提高管理效率。

就课外活动的管理质量来说，活动的生命在于活动的质量。活动有了生机和活力，它的开展才有意义。因此，对活动质量的管理也会影响到课外活动的管理效果。如果对课外活动的质量缺乏全程监控，只关注形式上的完整性，而对内容的丰富程度，活动目的是否能够和内容匹配，学生在活动中有没有被关注，都会导致有些课外活动的开展只是流于形式，质量有待商榷。但是如果能够把好活动质量关，仔细考量和挑选，筛选出最适合最贴切的活动，活动效果一定会事半功倍。

（五）活动评估因素的影响

课外活动的评价是对课外活动及其效果的价值判断。它是必不可少的一环，能够发挥很大的作用。从整体上看，它能够调控整个课外活动。具体来说，它能检验课外活动的效果，诊断课外活动的问题，提供课外活动的反馈信息，引导课外活动的后续发展。因此，对课外活动进行有效评价非常重要。活动评价不当，必然影响课外活动培育高中生的政治学科核心素养。

如果还是依据传统的评价机制，对当前课外活动的评价注重甄别选拔，注重学生在活动中获得了多少知识，得出了什么结论，做出了什么成果，这就完全背离了开展课外活动的初衷。课外活动追求的是内在品质的发展，这些因素的测量如果依据传统评价机制，课外活动的真正价值就无法体现。如果只是为了让课外活动的成果"看得见"而刻意去规定一些条目和表格，要求学生注意完好保存活动的原始资料，做好活动的真实记录，必须配以图片、视频等证据，就完全把课外活动对学生内在发展的关注转向关注形式，因此评价的对象不仅是活动结果，还应该涉及学生的情感体验，以及学生品德的认同和内化。

对于课外活动的评价不能仅仅关注参加活动的学生，还要注重对活动本身的评价。活动本身有没有价值，有没有必要开展，是活动开展的目的。如果活动本身不能达到它所应该达到的目的，那我们就不能为了活动本身而举办活动。如果我们忽略对课外活动本身的评价，则会在导致有些活动明明达不到活动的预期目的，但还是在进行，有的甚至作为常规活动频繁举行，这就造成活动的价值不高，活动取得的效率低。但是如果我们所开展的活动都是经过我们精挑细选，目标明确，重点突出，有典型性，能够让学生触类旁通，这就有利于学生完成知识意义的建构。因此在评估课外活动时，对于活动本身的评价也不能缺失。

（六）活动保障因素的影响

课外活动的正常开展，必须要有时间、场地、经费和师资的保障。这其中的每一个因素都很重要，它们决定着课外活动能不能正常开展。课外活动如果不能正常开展，培育学生的核心素养等于空谈。

就时间来说，如果高中生除了上课，课外还有繁重的课后作业，每天可供自由支配的时间甚少，那就没有活动时间，那课外活动就没办法开展。课外活动不开展，就不能发挥课外活动培养学生核心素养的作用。但是如果活动时间充足，则能为课外活动发挥应有的作用提供良好的时间保障。

就场所而言，课外活动的开展必须要有环境的支持。一般来说，课外活动的场所分为校内、校外两种。校内场所完全由学校提供，校外场所，则需要活动组织者自己或者学校牵头去联系。校内场所还好，只要学校支持课外活动的开展，校内场所就能够得到保证。至于校外场所，则需要花费很大的时间精力去联系，去管理，如果不能保证的话，则会限制课外活动开展的范围，学生的活动就只能局限在校内，导致有些活动达不到理想的效果。但是如果能有合适的校外场所提供的话，则会让课外活动发挥其应有的作用。在经费上，课外活动的开展需要资金支持。如果经费充足，课外活动应该有的设备，器具就能够得到满足，营造更好的课外活动环境。如果课外活动的经费实在有限，或者根本没有的话，则会导致有些课外活动的开展因此而搁浅或者取消。

在师资方面，在课外活动中，教师的角色比较多样，是知识传授者，也是成长引导者、组织者和参与者、协调者等。这种多重的、丰富的角色对于教师提出了新的要求，如果课外活动的教师来源充足稳定的话，则为课外活动的开展打好了重要基础。反之，教师的短缺和流动性强则会让课外活动的质量不稳定，影响课外活动的效果。

第二节　高中思想政治教育课外阅读

课外阅读是在时间和空间统一的情况下，为更好地实现课堂学习而进行的阅读。高中思想政治课课外阅读就是根据高中思想政治课教学需要，组织学生在课外阅读有关书籍的活动。

一、高中思想政治教育课外阅读文本的类型

通常来说，可供学生进行高中思想政治课课外阅读的文本非常多。课外阅读文本繁多必然会导致教师在选择文本时无所适从，无法抓住有效的文本。为便于教师选择文本，教师首先要明确课外阅读文本的类型。教师只有熟悉这些课外阅读文本类型，才能准确高效地选择课外阅读文本。

第一种高中思想政治课课外阅读文本类型是时事政治类。虽然高中思想政治课有固定的课本，但是时事政治一直是高中思想政治课的重要内容。在最新的高中政治课标中，相关内容就明确提出高中思想政治课程要密切结合社会实践。政治内容不是固定不变的，随着社会实践的变化，就会有新的内容出现。另外，对于时事政治的关注，高考政治大纲中也有着明确的要求。考虑到时事政治内容较多，时事政治类文本内容主要包括国内外重大时事、党和政府的路线方针政策等。

第二种高中思想政治课课外阅读文本类型是马克思主义理论类。从课程性质来看，课程标准中规定高中思想政治课程主要讲授马克思主义基本原理。从现行高中政治教材来看，四本必修教材内容分别讲授经济、政治、文化和哲学等马克思主义中国化的最新理论成果。因此，马克思主义理论类是课外阅读文本的重要类型。

第三种高中思想政治课课外阅读文本类型是英雄模范事迹类。新的课程标准下，立德

树人作为高中思想政治的根本任务被提到突出地位。对于道德，目前通行的做法就是弘扬英雄模范树立典型。通过弘扬英雄模范，青少年能够受到道德的洗礼，从而提高自身道德修养水平。因此，英雄模范事迹类也是课外阅读文本的重要类型。

二、高中思想政治教育课外阅读文本的筛选

（一）文本内容与高中思想政治课教学相关

高中思想政治课课外阅读与高中语文课外阅读不同，政治阅读本身并没有独立的价值。高中思想政治课课外阅读虽然是课外阅读活动，但是它归根结底是教学活动的组成部分。因此，高中思想政治课课外阅读文本需要与高中思想政治课教学密切相关。只有文本内容密切联系高中思想政治课教学，才能达到目标。

第一，关注高中思想政治课的教学目标。教学目标是教学的出发点，规定教学的基本任务，体现着学生未来的实现状态。把握教学目标，我们就能大致掌握高中思想政治课的主要导向。在筛选高中思想政治课课外阅读文本时，我们可以就高中思想政治课教学目标来筛选符合要求的文本。也就是教师通过把握高中思想政治课教学目标，明确自己需要的高中思想政治课课外阅读文本。

第二，关注高中思想政治课教学重点。高中思想政治课教学的内容比较多，因此抓住教学重点很重要。抓住了重点，就可以比较容易地掌握这节课。通常来说，教学重点是学生知识能力和情感态度价值观上的关键内容。因此，高中思想政治课课外阅读文本可以通过教学重点来筛选。把握住高中思想政治课教学重点，我们就能筛选合适的文本。

第三，关注高中思想政治课教学难点。就高中思想政治课教学来说，除了教学重点还应该关注教学难点。高中思想政治课有难有易，这是必然的现象。按照木桶短板理论，教学难点的解决可以实现学生更大的发展。一般来说，学生对于知识上不易理解或思想情感方面想不通等都属于教学难点。因此，筛选思想政治课课外阅读文本需要关注教学难点。需要注意的是教学难点是相对的，教师要根据自己班级的情况具体把握。

（二）文本所需阅读能力不超出学生水平

筛选高中思想政治课课外阅读文本仅仅注重内容方面合适，依然无法达到目标。高中思想政治教育的内容存在一定的难度，尤其是讲到世界观、人生观和价值观的内容时更让人弄不明白。因此，与高中思想政治课教学相关的文本的难度也不小。为了顺利开展高中

思想政治课课外阅读，需要让文本所需要的阅读能力不超出学生的水平。

第一，学生的知识储备。高中思想政治课课外阅读需要学生具备一定的知识基础，否则很难进行。尤其是遇到比较难的文本，没有必要的知识基础无法阅读。因此，知识基础好的学生阅读收获会更多。虽然这个知识基础主要是高中思想政治方面，但是必要的文化知识也很重要，学生整体的知识基础在一定程度上就影响着高中思想政治课课外阅读文本筛选，学生的知识储备状况比较好相应可以提高文本的难度。

第二，学生的思想基础。高中思想政治课课外阅读不仅仅为了获取知识，也在于提高学生的思想认识。高中思想政治课注重观点价值引领，课外阅读文本也要重视这一点。因此，筛选高中思想政治课课外阅读文本需要立足于学生的思想基础，选择符合学生思想的文本。

第三，学生的思维水平。学而不思则罔，高中思想政治课课外阅读也是如此。思考力主要体现在学生的思维水平上，也就是表现为学生思维的高度，特别是高中思想政治课课外阅读文本具有一定的难度，学生不具备一定的思维高度很难把握。因此，筛选高中思想政治课课外阅读文本需要分析学生的思维水平，尽可能选择符合学生思维水平的文本。

（三）文本容量符合学生实际

高中思想政治课课外阅读文本讲究质量的同时，也不能忽视对于文本容量的重视。高中思想政治课课外阅读文本一定要符合学生实际，不能不顾及学生实际盲目追求过大的文本容量。当然文本容量太小也是不恰当的，过小容量会限制学生的发展，达不到更好的阅读效果。符合学生实际，表面看来会比较空泛。

第一，要考虑学生的时间。高中学业压力大，学生的时间安排得比较紧凑。高中思想政治课课外阅读需要学生花费课外时间来进行，这就要充分考虑学生的时间安排。学生有什么样的时间安排，教师就要根据相应的时间多寡来确定合适文本的容量。因此针对学生的时间，教师要展开相应的调查确保符合学生的实际。

第二，要考虑学生的心理。学生的心理影响高中思想政治课课外阅读文本的容量。因此，教师要把握学生的心理。也就是说教师在确定文本容量时，要充分考虑高中学生的心理，使他们不至于感觉到容量太大，而心理难以承受。

第三，要考虑学生的阅读习惯。文本容量还与学生的阅读习惯有关，一般来说，具有良好阅读习惯的学生可以阅读更多的文本。如果学生经常阅读，那么他的阅读能力自然就会得到提高，相应的阅读文本的容量也较大。反之，阅读文本的容量则小。教师在实际的操作中，可以调查自己班级学生的阅读习惯，以此作为文本容量的参考。

三、高中思想政治教育课外阅读读本的转化

（一）精心组合相关政治阅读文本

教师在挑选必要的高中思想政治课课外阅读文本时会面临一个组合的问题，也就是如何安排政治阅读文本会更恰当的问题。针对一个主题或阅读目标需要许多文本，特别是高中思想政治学科的文本比较多，即使是权威型的文本也比较多。想要成功实施高中思想政治课课外阅读，需要重视文本的组合。高中思想政治课课外阅读文本有以下三种组合方法：

第一，按照难易度序列，即理论逻辑。教师在组合政治阅读文本时可以预先判断所选择文本的难易度，按照由易到难的顺序将文本组合。通过难易度的评估，教师能够准确把握住文本的顺序。这样学生比较容易接受，由易到难层层递进，可以实现政治阅读文本的最大效用。

第二，按照学生的认识序列，即认识逻辑。学生在学习的时候，需要凭借自身的认识能力。学生的认识具有一定的规律，组合相关政治阅读文本时要关注学生的认识规律，按照他们的认识序列来组合。

第三，按照文本的时间序列，即实践逻辑。除了难易度和学生的认识序列，我们还可以按照文本产生的时间先后来组合高中思想政治课课外阅读文本。按照文本出现的早晚来组合政治阅读文本，有利于学生把握历史实践的脉络，更好地挖掘阅读的深度。

（二）合理设置政治阅读思考题

由于政治阅读文本的信息量很大，因此，学生想要直接把握不容易。必要的阅读思考题有利于开发学生的思维，开阔学生的视野。需要注意的是，政治阅读思考题不是全部任务，学生不是完成思考题就行了。要使学生有更大的发展，需要让学生在教师给出的思考题的基础上探索更深的知识。

第一，强调开放性。教师设置政治阅读思考题时要强调开放性，也就是说问题没有固定答案，尽可能发挥学生的才能。开始学生阅读高中思想政治课外阅读文本时，可能会出现打不开思路或思路狭窄的问题。因此，高中思想政治课外阅读思考题的设置需要突出启发性。设置具有启发性的政治阅读问题，有助于激发学生的思维，进而实现高中思想政治课外阅读的更好效果。

第三，具有一定的思考深度。虽然高中思想政治课外阅读思考题不能太难，但是过于简单也是不可取的。如果高中思想政治课外阅读思考题太简单，就会导致学生停留于阅读的浅层次，达不到能力提升的效果。因此，高中思想政治课外阅读思考题要有一定的思考

深度。学生解答具有一定思考深度的问题，会强化自身的能力，进而实现深层次的阅读，会使高中思想政治课外阅读取得更好的效果。

（三）有针对性地进行文本导读

通常来说，高中思想政治课课外阅读文本比较复杂，包含的内容有政治、经济、文化和哲学等。而且这些内容的阅读对象既包括学生、普通的市民，也包括高级知识分子和大学教授。在学生缺乏相应的知识经验的情况下，教师为了能让学生充分理解文本，可以采取文本导读的形式来引导学生。

第一，交代文本背景。一般来说，对于文本背景了解决定着后续阅读的开展。只有尽可能详细了解背景，学生才可能最大限度地深入文本。关于文本背景，教师可以从作者简介、文本创作时代等方面展开。

第二，概括文本主旨。教师在做文本导读时，还要简要概括出文本的主旨。教师简要概括文本主旨也能给学生一个主方向，易于将学生引导到正确的方向。

第三，指出文本风格。文本虽然是时代实践的产物，但是文本却离不开作者。教师在编写导读时可以指出文本的风格，让学生能够有效把握文本。

四、高中思想政治教育课外阅读方法的指导

（一）立足于高中阶段人文学科的一般阅读方法

1. 指导学生阅读时做标记

高中学生在注意力方面还达不到特别高的水平，有时难免注意力不集中。在阅读实践中，做标记可以有效集中精力。因此，阅读时做标记是阅读的基本做法。标记时，每个人有自己特殊的标记符号，不过对于指导学生做标记，教师重点不在于要求学生用什么样的符号，而是要着重在什么地方做标记。

（1）文本核心处。任何一个文本都有它的核心，抓住它就可以抓住文本的主要内容。教师在指导学生时，注意提醒学生文本的核心处一定要做好标记。如果在文本的核心处做好标记，那么日后再翻这个文本的时候也能很快抓住它的主要内容。

（2）文本精彩处。除了核心处，文本也会都有一些精彩的地方。当然，这个精彩处是依据学生的情况而定的。事实上每个作者都会有自己独到的见解，会令学生感到醍醐灌顶。因此，教师要指导学生在文本精彩处做好标记。日后，学生需要用到这些精彩处会很容易找到。比如，写论文、演讲、作报告等。

（3）文本不懂处。一般来说，一个人对于一个阅读文本很难说完全理解。高中学生

多多少少会对某些内容不懂，这些学生不懂处很重要，它关系到日后学生的进一步发展。因此，教师可以让学生在自己不懂处做好标记。标记做好后，学生可以就这些内容向教师、同学或专家请教。

2. 引导学生阅读中做笔记

读书需要思考，而思考的结果需要记下来，笔记不直接记在文本上，而是要记在专用的笔记本上。教师可以让学生准备相应的笔记本，专门记载自己的阅读笔记。

（1）摘抄重点。政治阅读文本上有许多重点的内容，这些内容又比较散乱。学生需要将自己认为是重点的内容摘抄到笔记本上，一旦将来有用就可以直接翻自己的笔记。

（2）评价观点。政治与语文不同，语文侧重文学抒情，而政治侧重于论说。议论文最重要的是提出观点，用论据说明。由此，在阅读政治文本时一定要注意文本的观点。

（3）写出疑点。学生在阅读政治阅读文本的时候，有时会产生质疑，笔记中要写出自己的疑点。通过写出疑点，学生可以以后思考或与人交流。只有一步步克服疑点，学生的能力才能得到提高。

（二）着眼于高中政治学科的特殊阅读方法

1. 教导学生运用政治学科概念来阅读

（1）把握政治学科的专有名词。高中政治学习了许多新的专有名词，如政协、价值规律、人大、矛盾等。这些名词都有自己独特的内涵和外延，学生在高中思想政治课课外阅读过程中，一定要注意这些专有名词。通过明确专有名词，学生才能快速准确阅读文本的核心意思。

（2）区别政治学科易混词。假如我们得到一份高中政治学科阅读材料，我们就会发现材料里会有一大堆易混词。如根本、基本、首要、中心、重心、主要、核心等。这些词容易让人混淆，二者看似相近实则有着不同作用，需要记下来进行仔细区分。

（3）明确政治学科概念的使用规则。从语言学角度来说，一个句子只要符合语法，就成立。但是高中政治学科概念的使用要有规则，不能随意搭配动词、宾词形成句子，教师要教导学生注意这些概念使用的规则。

2. 启发学生树立科学思维来阅读

（1）辩证思维。辩证思维属于辩证唯物主义，辩证思维要求我们看待事物时不能采取形而上学的那种绝对观念，即好就是好、坏就是坏的僵化思维。辩证思维强调的是看到事物的有利方面时，还要想到其不利的方面，反之亦然。大量的高中思想政治课课外阅读文本是马克思主义理论著作，尤其注意运用辩证思维来写作。因此，教师要启发学生运用辩证思维来阅读。

（2）历史思维。历史思维属于历史唯物主义，强调我们在看待事物要坚持历史性，从过程方面看待事物，也就是从发展的观点着手。社会的发展是一个历史的过程，不存在历史终结论，我们只有树立历史思维才能理解。

（3）逻辑思维。高中思想政治课课外阅读文本写作严谨，逻辑贯穿始终。如果学生缺乏逻辑思维，那么许多有价值的信息就直接错过去。因此，教师要让学生在阅读中树立逻辑思维。

第三节　高中思想政治教育参观活动

参观活动是学校根据所在地的综合情况，组织学生进行社会综合实践活动的形式之一，具有重要的教育作用。教育活动中的参观是指相关学科教师带领学生走进社会有关单位，在专业人员的指导下，花费较少的时间去集中认识某一事物或了解某些重大历史事件的过程。可供参观的场所有很多，例如某些解放军部队、博物院、企事业单位、思想道德建设实践基地、爱国主义教育基地等。随着现代教育的发展，参观活动在教育中的应用也越来越多，参观活动的叫法也不尽相同，例如研学活动、游学活动等，从本质上看这些活动也都属于参观活动。

思想政治参观活动是参观这一特殊学习方式在思想政治教学过程中的具体应用，指思想政治教师在新课程标准的指导下，以培养学生思想政治学科核心素养为目标，带领学生去参观与思想政治有关场所的活动。思想政治参观活动是思想政治课堂教学的必要补充，是弥补学生知识不足，丰富学生精神生活的重要环节，其地位和作用是不可替代的。

一、思想政治参观活动的特征

思想政治参观活动由于其学科特征，在活动内容、组织形式、空间安排上具有以下特征：

第一，德育性特征。思想政治参观活动应该是充满德育性质的，这一点是由本课程的性质决定的，就思想政治与其他学科相比，它是中学里的一门主要德育课程，在功能上不同于其他一般的文化课。同时参观活动作为德育的重要培养方法，在进行参观活动的过程中应该系统地对学生进行思想教育。总而言之，无论是从思想政治学科特点来讲，还是从参观活动本身来讲，思想政治参观活动在中学一定是进行德育教育的重要载体，因此，高中思想政治具有很强的德育性。

第二，实践性特征。思想政治参观活动应该体现出思想政治学科的实践性特点，同时，参观活动本身就是一种引导学生自主参与、扩展知识、提升生活经验的实践性过程。学生在亲自参观实践的过程中获取知识，检验课本知识的真理性也体现出思想政治参观活动的实践性。

第三，自主性特征。参观活动是以学生为主体的课外活动，是在思想政治教师的指导下，由学生自己独立自主地进行的。虽然在参观的过程中需要指导教师的帮助，但在整个过程中，教师是处于辅助地位的。学生在整个参观学习过程中通过合作探究与独立学习等方式认识参观对象，能够最大限度地调动学生的参观热情，实现参观活动目标的完成。

第四，探索性特征。在进行思想政治参观活动时，思想政治教师必须要鼓励学生大胆质疑，使学生既要有尊重科学尊重自然的敬畏之心，又有不满于现有的结论的探索之情，这样学生才能够真正做到"课堂打基础、课外谋发展"。

二、高中思想政治课参观活动的主题

根据高中思想政治课的核心素养要求与中学生的身心发展的特点，结合高中思想政治学科的特殊教育目的，研究者将思想政治课参观活动最具有价值的主题总结为以下六方面内容：

（一）思想道德教育

思想道德教育是目前我国公民精神教育的主要内容之一，同时，也是中学德育与高中思想政治课程的主要内容。中国未来会怎样发展，发展的高度都是由现在青少年的思想道德素养决定的。思想道德的形成不仅需要学生了解道德知识，更需要学生能够有道德情感并做出符合大众认可的道德行为。道德养成不仅需要学生在课堂上学习道德知识，也需要学生走出校园，走向社会去参观访问那些道德模范场所，这样才能更好地形成学生自己内心的道德感。

（二）爱国主义教育

爱国主义教育是指教育学生热爱祖国疆土、尊重民族文化、维护国家利益、献身祖国现代化建设的思想教育。在新时代的社会主义中国，爱国主义有很多新的内涵，主要表现为既要热爱社会主义中国，认同中华民族文化，也要关心祖国的未来与复兴。把坚持社会主义制度和献身社会主义现代化建设事业结合起来，促进中华民族的伟大复兴。

从爱国主义的内涵可以看出，无论是祖国的大好河山还是祖国的历史文化，学生在校园里是很难了解到的，只有学生走遍大好河山，感受到文化魅力之后才能引导学生爱上它们。以爱国主义为主题的思想政治参观活动是必须大力开展的，我们应该引领学生去看看革命先辈的战场，这样才能理解为什么要爱国，因为我们今天的每一寸大好河山都曾来之不易。

（三）时事政治教育

时事政治教育是指学校和教师通过各种形式向学生传播近期发生的国内国际政治大事，是影响范围广、涉及要素多的大事件。主要表现为主权国家、国际组织、反动集团等在处理国家关系和国际关系方面的政策方针和活动。内容涉及政治、军事、科技等方面，具有时效性和真实性等特点。时事政治教育是高中思想政治课的必学内容之一，同样也是高考政治出题的重要材料来源。同时，对高中学生进行时事政治教育不仅可以改变学生认为思想政治课枯燥无聊的传统偏见，也有利于学生在学习过程中理论联系实际，提高自身的政治理论水平。

根据时事政治教育的特点，进行时事政治教育的最好方式就是充分利用学校周围的社会环境，把时事政治内容融入各项活动中，进而达到教育的目的。尤其可以通过相关国际纪念日，设置不同的参观活动主题，会起到很好的教育作用。

（四）遵纪守法教育

遵纪守法教育是在思想政治工作中，宣传法律常识，引导人们在生活中自觉遵纪守法的教育，是高中思想政治教育的重要内容。遵纪守法教育能够促进未成年学生身心健康发展，培养学生的法治素养，提高学生利用法律进行自我保护的能力。遵纪守法教育对于防止校园暴力事件的发生、构建健康和谐的校园文化环境具有十分重要的现实意义。

新课标指出高中思想政治课需要培养学生的法治精神素养，遵纪守法教育不仅能够培养学生的法治意识，更能够提升学生面对危险情况下的处理能力。高中思想政治课的遵纪守法教育大体可以分为三种类型：一是进行法律法规常识教育，二是进行校纪校规常识教育；三是运用法律武器进行自我保护的教育。在进行法律常识教育和提高学生法治精神时，学校由于没有专业的律师和法官，带领学生去参观法院审判现场，就更加能够树立起尊重法律、依法办事的态度。

（五）热爱科学教育

科学教育是一种普及现代基本科学知识，传授科学思维和科学研究方法从而培养学生科学精神和科学态度的教育。当今社会是一个科技极度高速发展的社会，学生只有在进入社会前学习到足够的科学知识才能适应社会，因此在教育过程中，必须通过科学教育，使每个学生掌握必要的科学知识和科学方法，养成科学精神。

新版课程标准也指出高中思想政治课需要培养学生的科学精神素养。而高中学生在校园内很难接触到现代社会的高新技术，因此培养学生科学精神，进行科学教育到城市科技场馆参观是一条重要途径。

（六）热爱劳动教育

劳动教育是指引导学生树立劳动光荣的态度，掌握基本劳动技能的教育，是中学生全面发展的必要教育内容之一。现代学校的教育目标就是培养出社会主义现代化所需要的新时代劳动者。这就明确规定了我们的教育培养目标首先是一个劳动者，不进行劳动，是不能够建设社会主义的。21世纪是一个竞争异常激烈时代，一个人如果没有较高的劳动素质、动手能力和创新能力，就不能适应现代社会的要求，将被社会无情的淘汰。

经常性有计划地组织学生到工厂、企业等劳动场所进行参观，不仅可以开阔学生的视野，更能使学生懂得劳动辛苦，从而珍惜生命珍惜时间。甚至很多劳动内容可以要求学生积极参与，或者鼓励学生回家进行实践，在不断的实践中学会劳动技能，这样才能促进学生德智劳的全方位发展。

三、高中思想政治课教学中参观活动的意义

参观活动的重要性在很早就已经被很多教育家所认可，从心理学上来讲，参观活动能够满足不同学生的兴趣爱好，使学生能够发挥自己的特长与能力。

第一，有利于帮助学生更好地理解思想政治学科知识。学生通过课堂学习虽然可以很快速地掌握思想政治学科知识，但是这些知识都是教材上的间接知识，学生是很难掌握的。参观活动的开展可以很好地解决这一问题。学生在课堂上学习了间接知识以后，可以通过参观活动这一实践过程进行检验和应用，实现间接知识到直接知识的转化，加深对思想政治理论的理解。

第二，有利于培养学生的核心素养与关键能力。高中思想政治参观活动在培养学生的核心素养方面具有无与伦比的优势，很多课堂上无法培养的素养，在参观活动中能够很好地培养。在参观爱国主义教育基地的时候能够很好地培养学生的政治认同素养；在参观法院等场所的时候能够很好地培养学生的法治意识素养；在参观科技馆等场所时，能够很好地培养学生科学精神素养；在参观社区服务等场所时能够很好地培养学生的公共参与素养。

第三，有利于学生养成高尚的思想道德素质。参观活动大多是走出校园的活动，学生

走出校园，体验生活，通过自己的耳濡目染观察社会、了解社会可以增强学生的公民责任感与义务感。同时，参观活动去的很多场所是名人故居或者英雄烈士纪念馆，在参观过程中，学生在体会到前辈们的高尚道德情操后，也会不自觉地学习，从而实现学生思想道德素质的提高。

第四，有利于发挥学生的主体性作用。参观活动中学生能够根据自己的兴趣爱好选择参观内容，掌握着更多的参观学习主动权，能够自由地探索自己感兴趣的主题，学生在参观活动中真正成为学习的主人和认识的主体。尊重学生的主体地位有利于激发学生的学习兴趣，调动学生的学习积极性、创造性和主动性。

四、高中思想政治课参观活动的优化对策

（一）确立参观活动目标

参观活动的目标，是学生通过参观活动的学习所要实现的行为变化，是一场参观活动结束时学生应该达到的水平、程度和标准。参观活动的目标是参观活动的出发点和归宿点，对一场参观活动的成败具有重要意义，合理明确的活动目标有助于思想政治教师选择和使用有效的活动策略，推动参观活动有序进行，实现参观活动优质高效。

1. 符合立德树人的总目标

立德树人是新时代教育的总任务、总目标。高中思想政治课程作为中学教育的一个方面，其教学目标必须以中学教育总目标为核心和基点来确定，为实现中学教育总目标服务。高中思想政治课程具有很强的时代性，其教学内容需要跟随社会政治、经济、文化的发展而变化，因此，其教学目标也要体现不断发展的社会变化与时代特色。

高中思想政治课外参观活动作为高中思想政治课程的组成部分，参观活动的组织实施就是为了配合课堂教学完成本门课程的任务，因此，参观活动的目标应该服从整体的教育目标。同时，参观活动作为一门社会实践性质的活动，是学生体验生活、体验社会的重要途径，因此，参观活动有必要紧跟时代发展要求，从而让思想政治参观活动贴近学生的生活、贴近学生的知识需求。

2. 参观活动目标要全面

当代教学论研究发现学生知识的获取有两个紧密相连的过程：一方面是知觉、思维、理解等智力活动，另一方面是感受、情绪、意志等非智力活动。两者密不可分，没有认知因素的参与，参观任务不可能完成；同样，没有情感因素的参与，参观活动也不能够长久维持。鉴于此，高中思想政治新课程标准提出了政治认同、科学精神、法治意识和公共参

与的课程目标体系。高中思想政治课教师在设计参观活动目标时，应该坚持两点论与重点论相结合，将四个核心素养联为一体，促进学生综合素养的提升。

3.参观活动目标要符合学生实际

参观活动目标是针对学生提出的，所以，在设计参观活动目标之前，教师必须了解学生的兴趣爱好等方面的情况，把握学生的身心发展规律，对不同年龄、不同基础的学生提出不同的教学目标，使参观活动目标体现因人而异，因材施教的教育学原理，力求参观活动目标设计落在学生的"最近发展区"中，最大限度地提高思想政治参观活动的育人成效。

4.参观活动目标设计要有弹性

参观活动的主体是活生生的人，而不是固定不变的机器。而且随着教学改革的发展，高中思想政治教学活动要求学生"动"起来，教师引导学生在合作探究的活动中获取新知识。这就使得在参观教学过程中难免出现教师在进行教学设计时未能想到的新情况和新问题。因此，参观活动目标设计要留有"余地"，为教师的教学和学生的学习留下一定的可操作空间。同时，学生都是发展中的人，随着时代的变化，学生整体诉求也会有所变化，这也要求我们在设计参观活动目标时，必须反映学生需求的差异性，使教学目标具有一定的弹性，既体现核心素养涉及的基本要求，又提出较高要求，鼓励学有余力的学生发挥学习潜力。

5.参观活动目标要具有可操作性

参观活动目标要简洁、明确描述学生通过参观学习以后产生预期的行为变化，这些行为变化必须是明确且严谨的，而不是抽象笼统的。明确的参观活动目标才能让指导教师在带领学生参观时准确指导，也只有严谨的参观活动目标才能在参观活动后进行科学准确的活动总结与评价。例如，在制定教学目标时应该用限定性词语来代替概括性词语，"复述、制作"等词语就比"理解、掌握"等词语具体很多。

（二）选择恰当的参观主题

参观活动的主题是指参观活动所要表达的核心思想与主要内容。主题是参观活动的生命，主题定得好，参观活动前的准备工作就已经成功了一半。但是参观活动主题的确定是一项十分复杂的工作，在设计主题时既要贴近学生的生活实际，又要结合思想政治的学科特色；既要重视对学生道德素质的培养，又要重视学生的兴趣与积极性。通过研究者的文献研究，总结出以下四个确定主题的要求：

第一，根据教学任务的需要。从根本上来讲，参观活动的意义在于满足教学任务的实际需要。参观活动主题的选择在于为完成教学任务提供最佳的解决方案。因此，参观活动主题选择最根本的依据就是教学任务的实际需要，离开了教学任务的需要，参观活动的组织也变得毫无意义了。因此在进行参观活动主题选择时，应首先明确教学任务和教学目标，在此基础上，综合考虑其他因素，设计科学合理的活动主题，使参观活动在立足教学任务现实需要的基础上发挥出最大的作用。

第二，贴近学生的生活实际与年龄特征。学习思想政治的学生处在身心发展的关键时期，正由具体运算阶段到形式运算阶段转变，这要求学生的学习内容还是应以具体形象的事物为主。因此，参观活动应该以生动具体的主题为主，配合相应的传媒材料，便于学生理解和接受。同时，学生的兴趣爱好也是确定思想政治参观活动主题最基本的依据和关键因素。主题只有是符合学生兴趣爱好的，学生才会热情洋溢地积极参与到参观活动中去。

学生过去的知识储备是开展思想政治参观活动的基础。建构主义学派强调学生的学习具有主动建构性，面对新知识，学生不是被动地单纯接受而是每个学生都以自己已有的知识储备为基础建构自己的理解。这是一个主动的过程，因此，在选择参观活动主题的时候，必须考虑到学生过去已有的经验。

第三，结合本地区的特色教育资源。充分利用当地资源开展实践活动，我国国土面积广大，各地资源分布均不相同，尤其是城乡地区资源差别较大，有些在城市可以开展的参观活动在农村可能却无法开展，反之亦然。因此，参观活动主题在选择时要结合学校所在地的特殊情况。或者可以选择一些城乡都能开展的主题，使之具有一定的普适性。

第四，依据时代发展的需要。随着现代经济与科学技术的发展，每天都有很多新的知识出现，参观活动主题的选择要关注社会的热点问题，反映社会发展对教育的要求。教师在选择参观活动主题的时候最为重要的是坚持灵活性原则，在参观活动主题选择时以调动学生参与兴趣为中心，只有学生积极参与到活动中来，才能够实现组织参观活动的目的。

（三）增加安全保障，取得多方支持

教育主管部门和校领导干部应该抛弃以往的自保心态，从尊重学生身心发展规律与关心下一代的角度出发，应当主动组织一些课外活动并为学校开展的课外活动保驾护航。

1.设立专项保险和基金，减轻经济负担

学校是国家设立的专门教学的事业单位，参观活动中一旦出现意外事故，学校无法承担巨额的赔偿。因此，国家应当鼓励国内外的保险机构设立学生意外险，让学校和保险机构共同承担赔偿风险，从而减轻学校的经济负担。另外，可以由政府部门协调企业和金融机构成立安全基金会，一旦发生安全事故，可以弥补资金的缺口。学生家长也应该主动为学生购买人身安全险，防止意外产生后导致的巨大医疗负担。

2. 加强舆论宣传，促进社会心态的转变

购买保险和设置相关法规知识外部的支持，要让中学思想政治参观活动顺利组织实施还必须扭转全社会对课外活动的偏见。譬如，受应试教育的影响，许多家长依然坚信学习成绩最重要，从内心就不支持学校开展相关课外参观活动。同时，现代新闻媒体对舆论的导向也具有重要的影响，很多情况下，新闻媒体为了单纯的点击量和新闻热度，夸大课外活动危害，这对以后课外活动的实施造成了很大的压力。所以社会各界人士应该实事求是，以客观的眼光来看待参观活动，本着促进学生全面发展的态度，为学校开展课外活动提供力所能及的帮助，主动做好防患措施，降低参观活动风险。

3. 强化安全教育，提高自护能力

在开展参观活动前进行必要的安全纪律教育，能够提高学生的自我保护能力，绝大部分的学生意外事故是可以避免的。学校是学生学习生涯中停留时间最多的场所，因此学校肩负着安全教育的主要职责。同时，由于学生的生命安全重于一切，因此学校无论在何时何地都应该重视安全纪律教育，不能只是口头说说，把学生安全置之度外。学校组织参观活动前，一定要进行安全教育，对参观活动过程中可能会出现的安全隐患给予提前预警，做到防患于未然。作为家长和监护人也要转变传统观念，抛弃安全教育全是学校应该做的事的错误认识，主动配合学校承担起孩子安全教育的责任。

（四）采用高效的记录方法

高效的参观活动记录能使学生在参观结束后对参观内容进行有效的巩固和提高。参观活动的记录方式有很多，根据不同的参观对象，结合学生的实际情况，教师可以指导学生运用下面三种方法记录参观内容：

第一，实物收集法。参观活动中，学生把与参观内容相关的有价值的实物收集回学校。运用这个方法时，教师要教给学生收集实物简单合理的方法，避免损坏公物，同时，也要注意安全。

第二，影音记录法。影音记录包括录音、照相、摄影等一系列现代科技产品的记录方式。学生在参观时把场景通过影音记录下来，这样的记录能最大限度地再现当时的参观情景。回到学校进行参观活动经验交流时能够最大限度地展现参观时的场景，同时，也能把参观的内容巩固提升。但是需要注意的是很多参观场所是禁止使用电子设备进行记录的。

第三，图文记录法。参观的过程中，在不允许使用电子产品的情况下，学生可以把参观中自己看到的，用图画的形式记录下来，然后把自己画中的意思用语言讲述给同伴听。

第四节　高中思想政治教育社会实践

新时代，开展研究性学习、社区服务与社会实践、劳动与技术教育、信息技术教育等多种形式的综合社会实践活动，是培养社会主义接班人、打造全面发展的高素质人才的必要方式和途径。社会实践活动作为中学生综合实践活动的重要方式，高中生作为中学阶段最有思想、最自主的学生，思想政治课作为培养合格公民、全面发展人才的重要载体，提高高中思想政治课社会实践活动的效率是立足于学生长远发展、立足于建设和发展国家、立足于为社会主义培养优秀人才的必要举措。

思想政治学科以连接学生认知和国家主流思想为核心任务，这也是该课程设置的出发点。课程社会实践活动是一种将某学科的课程内容与实践活动载体紧密结合的活动形式。活动目的是让受教育者在社会生活中亲身体验，逐渐培养受教育者亲社会行为的养成，努力做到不仅将关注社会、了解社会、服务社会做在答卷中，更将其做在生活中；活动宗旨是在实践中深化理解高中思想政治课程内容，同时，感悟社会生活的影响，自觉养成亲社会行为。

在基础教育的每个不同学段每门课程都有自己独特的教学任务和目标。义务教育阶段侧重于建构学生的认知能力。基础教育中比较高的学段则侧重于分析和引导学生在社会生活中的疑惑。高等教育阶段则侧重于对学生自觉意识和行为一体化能力的培养。因此，思想政治课社会实践活动肩负着培养受教育者成为一个合格的新时代社会主义公民的重任。

一、高中思想政治课社会实践活动的形式

高中生相比义务教育阶段的学生自主能力、思维能力更强，看问题视角更宽阔，而相比大学生则理论掌握、思维高度以及自觉意识要弱一些。因此，在社会实践活动兴起之后，产生了多种多样的社会实践活动形式。

与高中思想政治课课程内容密切结合的社会实践活动的主要形式有义务劳动、理论宣讲、职业体验、实地调查（体验）等，其中最受高中政治教师欢迎的是实地体验，其体验形式主要有农村生活体验、军营体验、企业体验、社区生活体验四种。

在体现中华文化博大精深的博物馆、美术馆、名人故居或名胜古迹、精神文化传承教育基地等地义务讲解，做中华文化的理论宣讲员，传承并弘扬我们伟大的、包容的民族文化；在餐厅饭店、社区超市、卫生保护等单位义务劳动，感悟经济生活中劳动最光

荣、受尊重的劳动者；在银行、菜市场、政府部门、跨国公司以及法院等单位中的不同职业岗位上感悟政治参与，体验构建和谐社会的乐趣与智慧，感受生活中的哲学；在敬老院、特殊教育学校、社区文化教育基地等热心帮助有需要的人，提高公民意识；在商场或企事业单位市场调研部向研究对象发放问卷、统计并简单分析结果等实地调查，领悟政策和文件精神。

二、高中思想政治课社会实践活动的优化路径

（一）集中活动主题，使活动紧扣课程要求

1. 集中于感悟哲学指导的主题活动

哲学是一门会使学生更加聪明，赋予学生更多智慧的学问，但是高中生往往在日常社会生活中体会不到哲学的指导作用，哲学教给学生的基本原理和方法论都以文字的形式存在于学生头脑中，并没有真正地指导学生的现实生活。思想政治课社会实践活动正能在此中间起到桥梁的作用。在涉及唯物论知识时，与学生一起探讨整个世界的组成部分，分析各组成部分的物质性；在涉及认识论知识时，与学生一起感受运动、认识规律，进一步分析人的认识从哪里来，在社会问题中理解实践对认识的决定性作用；在涉及唯物辩证法知识时，与学生一起通过观察生活中的联系、发展与矛盾现象，进而培养创新意识；在涉及到唯物史观内容和知识时，与学生一起寻觅社会发展的客观规律，寻找评价人生价值的标准，让学生真正在现实社会生活中体会到哲学对我们生活的指导作用，哲学思维让学生在社会中行事更理性，更有智慧。

2. 集中于领略经济革新的主题活动

高中思想政治课经济生活的内容对于刚成为高中生的高一学生来讲，是有较大理解难度的。经济生活中有诸多可以与学生一起参与的社会实践活动主题，例如，从认识货币开始，与学生一起在银行了解货币的来源、货币的流通以及信用卡的用途和当前新型电子货币与现金的关系等，还可以利用长时间的社会实践活动对比不同银行的利率，接触到世界货币及其与人民币的兑换等。在银行我们不仅可以与学生一起了解货币，还可以尝试了解股票、储蓄、保险等经济现象和经济活动。同时，学生会在了解工作运行的过程中更全面地了解银行工作人员的责任与义务，对学生未来的职业规划也是一次亲身指导。

在生产分配领域，可以与学生一起参与服装厂、食品加工厂等工厂的日常运作，既能培养学生的节约意识，还能让学生体会生产全过程，并深刻理解我国当前实施的基本经济制度和收入分配制度的重要性和必要性。在不同工作岗位的劳动者是有不同责任和工作要

求的，学生在亲历不同职业过程中会对劳动者有较全面的认识，会更理解日常生活中行业的劳动人民，努力成为一个敬业的劳动者，践行当代中国精神。

在公司企业领域，可以与学生一起参观访问上市的跨国公司，既可以让学生了解一个公司从成立到壮大再到拓展业务是如何发展的，也可以使学生体会到跨国公司与普通公司在具体运行和管理过程中的区别与联系。同时，上市公司涉及的股票问题会与前面在银行学生学习到的知识相联系，因此，以长远目光来规划课程社会实践活动的顺序是必要的。

3.集中于培养政治参与的主题活动

政治参与本应是国家公民的权利义务和责任，而高中生经过基础教育阶段的学习后依然较少有学生有公民意识。政治参与应该不仅仅是成年人的特权，也不仅仅是参与政府日常办公工作，相反，高中思想政治课社会实践活动关于政治参与的主题应当倡导学生和老师走向基层，与学生一起以志愿者、公益服务者的身份体验参与村或乡镇等的选举、慰问、扶贫等工作。

在政治生活中，必然离不开法律的约束。如果说道德是一种软约束，那么法律就是规范所有公民行为的硬约束，也只有在遵守法律规范的前提下，人们的行为活动才能实现最大限度的自由。因此，高中生应从此阶段开始培养其守法、用法的能力和素养。例如，在法庭上作为法官、律师、原告、被告等角色的助理帮助处理法律案件，这与学生在课堂上分配角色，进行角色扮演模拟法庭是完全不同的感受与效果。在课堂上践行角色模拟和设想是属于实践教学的一种，但是学生依然不能身临其境感受到法律的严肃与法规的严格使用，走出校园走入真正的法庭中，才能体会到法律的作用和重要性。

（二）丰富活动形式，使活动提升学生素质

1.通过实地调查，提高学生实践能力

实地调查方式对于高中生尤为重要，在其为活动准备的前期阶段，培养学生独立自主搜集资料的能力；在活动进行阶段，提高学生组织规划和自理生活的能力；在活动后期整理阶段，提高学生结合课本理论知识分析问题的能力；在活动总结阶段，提高学生自主表达、综合理性分析社会现象的能力。

实地调查的社会实践活动必然离不开问卷调查法和访谈法，研究方法对于多数高中生是陌生的，在应试教育的培养下，学生对问题的研究能力被逐渐弱化，但在大学和研究生阶段对学生此方面的能力要求较高。因此，为实现两个阶段之间的无缝融洽接合，从其必要性上也应关注高中生这方面的能力，而思想政治课相比语文、数学、英语、物理等更具有此方面优势。思想政治课是一门集人文性、政治性和综合性的课程，相对而言难度较低，

但学生对此课程的趣味性要求较高，结合高中政治课程的社会实践活动恰好能够满足学生这一需求，同时还能够推进高中思想政治课课程目标的完成和实现。因此，在实际操作中，可将此方式引入社区生活、企业生活、军营生活和农村生活的体验中，在各种生活环境中提高学生的社会实践能力。

2. 通过理论宣讲提升学生思想觉悟

理论宣讲这一方式更多是在大学生中或国家层面被提到，但是作为准大学生、未来国家发展中坚力量的高中生而言，准确、无缝衔接国家政策方针与百姓群众，充当二者之间的桥梁是确保党的事业、国家发展的必要选择，也是高中生了解社会、了解群众的重要途径。高中生多数为未成年人，从年龄上还不具有优势，但是一个人未成年时期形成的思想和觉悟水平会对未来的社会和个人生活产生重要影响。

学生进行理论宣讲，有以下三方面的优势：

（1）高中生进行理论宣讲更受群众百姓的欢迎和期待，因为高中生善用大白话，能够让百姓在无形中接受宣讲思想，达成宣讲目标。

（2）高中生相比成年人更具创造性，能够以新的形式给群众留下深刻印象，让百姓能够记得牢，同样也利于宣讲目标的实现。

（3）以学生为主体的理论实践类活动，利于充分展现学生在此类教育活动中的主体地位。

教师应加强在日常学习中培养学生分析理论材料的能力，磨炼学生充分收集并认真阅读文字资料的耐心，拓宽学生看待现实问题和社会现象的视野，提升学生理解国家方针政策的水平。同时，在开展理论宣讲前须对学生进行专门的、全方位的、专业化的辅导和教育。

3. 通过义务劳动，培养学生的服务意识

义务劳动看似离高中生思想政治课课程内容较远，但义务劳动对学生服务意识的培养是高中政治课教学的目标和任务之一。此义务劳动倾向于与思想政治课"经济生活"中劳动和就业观念、"政治生活"中为人民服务的工作意识、"文化生活"中走进文化生活和"生活与哲学"中唯物辩证法方法论等内容相匹配的服务劳动。在这种形式的服务劳动中，强化劳动与就业观，学生通过义务劳动能够体会新时代劳动者需要具备的基本素养，并在以后的学习中向此努力。

在劳动中感受各行各业的职责和工作流程，为学生未来就业选择提供实践经验和选取方向。同时，潜移默化地培养学生理解服务人员、宽容服务社会的每个职业、每个人。培养高中生的服务意识，一方面以在义务劳动中遇到的优秀工作人员为看齐点；另一方面，以解决被服务人员的真切需求为出发点，培养学生为人民服务的意识。

思想政治课社会实践活动可在行政单位开展，这有利于未来有志于从事行政工作的学生，也有利于未来大学阶段学生工作的开展；参观革命旧址、文化馆，走进文化生活，坚持用经得住历史考验的、有魅力的文化作品鼓舞学生，在亲历文化精品中提高辨别优秀文化和落后文化、腐朽文化的能力，提高辨别不同来源、不同性质文化产品和文化精神的眼力。

随着社区、乡镇文化活动的丰富，诸多社区或县城有老年大学等公益学校，学生通过了解群众们喜闻乐见的文化生活，更好地理解如何设身处地地为人民、为百姓服务；对哲学方法论熟知于心、外化于行，在各类社会实践活动中灵活穿插对联系观、发展观、矛盾观和辩证否定等原理及方法论的解释，在实践案例中深化对哲学概念的理解。

4.通过职业体验，引导学生就业选择

探索社会生活、明晰职业规划是高中生必须掌握的基本技能，在这个过程中高中生逐渐清晰自我能力，使自己的职业偏向更加清晰，更加具体。例如，可以在农村体验农民生活，在军营体验军人生活，在企业体验劳动者和经营者的职业生活，在社区中体验社区工作者的职业生活。在实地的体验活动中明确劳动者对国家经济等各领域发展的重要性，明确中国军人的无畏精神，明确公司企业经营的运行流程和发展趋势，明确企业劳动者和经营者的职责所在，明确社区工作者的能力要求和专业趋向，这对引导学生未来做出正确且适合自己的职业选择、对培养学生形成正确的劳动观和就业观都十分重要。

（三）连续开展活动，使活动成为课程常态

1.政府确保活动经费，奠定物质基础

政府提供资金等物质保障的丰富与匮乏影响着此类实践活动能否长期开展。从开源角度来看，政府要尽可能将足够的实践活动经费分配到各学校，并监督学校将部分经费用于各学科课程社会实践活动；从节流角度来看，政府可监督学校对实践活动经费的使用情况，减少出现资金分配不当而影响高中思想政治课社会实践活动的高效开展。此类活动对学生的影响、对学科课程的帮助是潜移默化的，因此，短时间内学校和家长甚至学生都会有浪费资金的想法，但是随着学生理论知识的积累、身心年龄的增长、视野见识的开阔，学生会感受到自己对政治理论理解程度的深化，家长会感到学生更加关心国家发展、关心社会现象、关心身边的人，学校会减少对学生日常行为方面的管理和担忧。

2.学校增加活动角色，落实责任到人

高中思想政治课社会实践活动可以以高中政治课教师为主力和主要组织者，但是与班级学生一起外出的社会实践活动一定不能仅仅依靠任课教师，学校要增加开展课程实践活动的固定人员，对于外出的安全、前期准备、后期整理等工作要落实责任到人。

高中政治课教师主要职责是教授高中政治课本理论知识，部分任课教师不愿意组织课程社会实践活动，其原因是精力有限或不具备组织的专业素养，因此，储备相应课程社会实践活动的高素质、高水平人才队伍是必要的。除了安全保障，课程社会实践活动的实效性如何量化、如何评估都需要专业人才，这便要求学校要兼顾高中思想政治课社会实践活动的各个环节，在保证人员充足的前提下提高各环节负责人的理论和实践水平。

3. 教师强化活动能力，提高专业素养

思想政治课实践活动与综合实践活动的根本区别在于前者与高中政治课程理论知识的紧密结合，而学生对高中政治课程理论知识的接受与理解程度和高中政治课教师有密切关系，因此，高中政治课教师要强化自己开展、组织社会实践活动的能力，持续锻造自身组织此类活动的专业技能。政治课教师指导政治课社会实践能力的提高要基于对政治课本理论知识的深刻理解，根据课程教学目标需要选取实践活动的地点、根据学生理解存在偏差的知识点确定实践活动的主题、根据学生的知识基础和个性特征选取参与实践活动的教育客体、根据课程连续性和前后知识一致性要求确定实践活动的次数和时间、根据实践活动的主题、形式、参与人数、时间等具体情况确定活动总结和评价的形式等，这些都深刻地考验着高中政治课教师开展此类活动的专业水平及能力素质。

4. 学生建构活动思维，培养自觉意识

一切与课程相关的理论讲授和社会实践活动都是为了学生更好地理解政治理论、更好地分析社会现象，因此，高效开展思想政治课社会实践活动必须培养学生自觉参与活动的意识。在信息化时代，互联网信息被广泛运用于教育中，学生作为思想政治教育客体，其主体化趋势越来越明显，主体化能力越来越强，因此要充分发挥学生的主体性。无论是活动开展前的理论准备、生活准备，还是活动的开展形式、开展过程中的运行程序，又或者是活动开展之后的总结评价，高中政治课教师可在坚持教育主体正确的引领下，使学生的自觉能动性得以充分发挥，学生要敢于承担责任，积极参与其中。

（四）形成长效机制，使活动具有保障体系

高中思想政治课社会实践活动常态化既需要活动过程连续化，还需要活动机制长效化，才能使活动具有制度和基地的保障。建立指导实践活动运行的专门机构以保障开展活动的指导水平，建立长期开展实践活动的服务基地以保障开展活动的期数天数，建立使用实践活动经费的管理制度以保障开展活动的资金充足，建立考评实践活动成效的激励制度以保障开展活动的角色参与。

1. 建立使用活动经费的管理制度

明确公开活动经费管理制度，这既能保证节约资金又能保证将活动资金用于活动。由于实践活动经费不足或者本身充足的经费没有精准用于实践活动而影响此类课程实践活动开展的情况存在，因此，建立活动经费管理制度是必要的。对于符合实践活动要求、能够实现协助完成教学目标的课程社会实践活动应予以资金方面的大力支持，对于不符合实践活动要求、流于形式的课程社会实践活动应予以正确指导，直到其符合高标准、高要求方可给予物质支持。关于实践活动经费的使用原则、使用办法、使用范围和使用程序应根据各学校、各课程具体情况制定相应的管理办法。

2. 建立指导活动运行的专门机构

指导高中思想政治课社会实践活动运行的专门机构应与高中政治课老师密切关联，因此，学校或相关负责部门应针对各学科课程需要设立相应的课程实践活动服务机构。建立一个专门的工作机构，首先要明确建立此机构的目的以及此机构的职能；其次，根据机构职能确定该机构需要的工作人员；最后，根据任务和目标开展工作。在高中建立此类活动运行和开展的专门机构，其目的是服务学生更深刻地理解课程内容。该机构的职能是全方位地协助组织学生的每次课程社会实践活动，因此，该专门机构须活动前协调教师与实践基地时间、活动中安排运行程序、活动后整理开展总结评价仪式的专业人员。

3. 建立开展活动的服务基地

部分学校没有稳定的长期实践活动基地，这严重影响着高中思想政治课社会实践活动长效化的实现，建立长期开展实践活动的服务基地能够形成连锁效应，同时，能够保障活动开展的期数和天数。例如，在社区建立服务基地，为社区人民宣讲社会主义核心价值观，为社区儿童讲解简单的经济现象；在敬老院或特殊教育学校建立服务基地，为老人和特殊学生表演才艺，践行民族优秀文化；在老军营社区建立服务基地，听革命先辈讲解先进事迹、培养爱国主义情感等。拥有长期稳定的活动基地，学生能够定期参与活动，而不被客观因素影响或延误。

4. 建立考评活动成效的激励制度

积极建立考核此类实践活动的评价体系，真实、客观、全面、全员、全程评价学生的实践活动表现，在评价中介入激励制度。对学生在思想政治课社会实践活动中表现的评价应坚持面向全体，要求人人参与评价，尤其是将学生评价纳入评价体系的重要考核中，通过全员评价以促进师生交流，提高学生制动参与的积极性；同时，评价应形成重过程轻结果的方式，即在实践活动的过程中开展评价，提高学生参与实践活动的深度。

第七章　高中思想政治教育创新资源管理

随着经济全球化、文化多元化的进一步发展，思想政治教育工作遇到了新的挑战，需要优化资源配置，构建一个纵横交错的思想政治教育资源网络，群策群力，提高资源应用的有效性与科学性。对此，本章从红色资源、新闻资源、影视资源以及微视频资源四个方面，探究高中思想政治教育的创新资源。

第一节　高中思想政治教育红色资源的应用

随着我国综合国力的不断提高与现代通信网络技术的迅速发展，新时代高中生的价值取向越发百花齐放，思想行为也更加独立独特，使思想政治教育面临着许多困难。高中生从小生活安逸，对于革命时期的奋斗精神无法感同身受，对自己社会角色和社会责任一知半解。"红色资源是中国共产党人在革命、建设和改革的各个历史时期形成的珍贵文化遗产，是中华优秀传统文化的历史底蕴，是新时代高中思想政治教育的生动教材，具有文化传承、历史悠久、教育引导等天然优势。"[①]高中是生命成长的关键时期，学生的可塑性强，在此期间利用适当的红色资源对高中思想政治教学十分有利。

一、高中思想政治课红色资源的作用

（一）红色资源能提供思政课教学的素材

高中思想政治课相较于初中增加了很多难懂的知识概念，在面对高中生进行思想政治教育时，教师挖掘教学资源时需要注意教学素材的感染性和真实性。我国丰富的红色资源中所体现的真实的人、事、物极具感染力，战火纷飞的时代众多有志青年为中国解放和独立、为建设美好中国而不惧牺牲的革命精神尤为震撼人心，中学生可以从红色资源的感人事例中了解我国革命战斗的历史，从而感受到如今幸福生活的来之不易，更加珍惜现在物

---

① 黄艳芳. 红色资源融入高中思想政治教育的优化路径研究 [J]. 广西青年干部学院学报，2021，31（02）：38-42.

质丰富、社会有序、民主独立的大好局面。

我国红色资源中因含有大量曲折摸索我国革命道路的革命故事，生动体现了走特色社会主义道路的必要性，为中国革命建设、改革开放以后不断发展变化的政治道路提供科学的事实证明，适用于高中政治课教育。利用红色资源进行思想政治课学习有利于中学生理解社会主义理念，是思想政治课不可忽视的教学素材。

高中思想政治课教学注重真实性。我国独特的红色资源是时代精神和民族精神在人民悠久历史实践中产生的，其真实性充分体现了人民的意志，中华民族的爱国主义和创新精神也在红色资源方面得到充分体现。利用红色资源可以为思想政治教学提供丰富的教学素材，有利于激发高中生的爱国热情，为实现思想政治课教学目标提供强大的精神动力和实践动力，鼓励高中生积极参与政治生活，投入到建设中国特色社会主义的伟大事业中。

（二）红色资源能丰富思政课教学的方法

利用红色资源进行思想政治教育，能有效提高思想政治教育的实效性。政治教师在利用红色资源进行高中思想政治教育，需要实事求是地在教学方法上进行创新。

第一，红色资源的利用丰富了思想政治课案例式教学方法。政治教师在组织教学过程中，利用红色资源既要注重红色资源的方向性和实效性的结合，又要使教学素材保持趣味性和精确性。也就是说，教师在利用革命先烈的英雄事迹作为案例时，应做到以正面积极教育为主，围绕政治课的教学目标，紧跟我国时代步伐，让红色资源教学案例既感动又生动，既贴近生活又便于理解，能符合学生现有的接受水平，使学生在真实生动的案例中加深对高中思想政治知识的感性认识，从而提高学生学习思想政治的积极性。在利用红色资源的过程中，教师将书本理论结合红色资源来分析复杂多变的社会现象，不仅可以培养学生分析问题、解决问题的能力，还丰富了思想政治课案例教学法。

第二，红色资源优化了思想政治课直观教学方法。高中政治教师在利用红色资源教学时使用红色音像进行教学，如音乐、电影、电视剧或红色课件等直观教材，使红色资源从课外进入课内，优化了思想政治课直观教学方法，让不同形态的红色资源都可以在政治课堂上进行历史的再现，从而提高了政治教师对教学课堂的掌控能力，活跃了政治课堂气氛，增强了思想政治课的教学效果。

政治教师在利用红色资源进行教学时要注重调动学生的积极性，要突出教师的主导作用和学生的主体作用，这有利于提高学生独立思考的意识，更好地激发学生的潜能和创造力。

（三）红色资源能增强思政课教学的效果

"红色资源以坚定的意识形态、全面的育人目标、情理交融的特点著称，有利于落实新课程理念，转变学生的学习方式，培养学生勤俭节约、艰苦奋斗等品质。所以用红色资源对中学生进行思想政治教育，是一种多元化、全方位的教育模式。"① 教师通过精心选择红色资源，培养学生正确的政治方向和坚定的政治目标，学生在理解我国革命历史中的优秀精神品质后更容易内化课程观点，自觉维护稳定的政治环境和社会环境。

1.红色资源的历史性，巩固教学目标

高中思想政治课利用红色资源能增加学生的历史知识。红色资源见证了我国的历史发展，是一部中华儿女团结一心、自立自强的斗争史。利用红色资源进行高中思想政治教学，对高中生具有特殊的历史镜鉴功能，学生在课堂中接受到的辩证唯物主义历史教育，有助于学生形成科学历史观。

利用红色资源来学习高中思想政治课，学生潜移默化间更能了解政治课本里中国共产党执政的历史与法理依据，从情理的角度更有效地培养学生的爱国精神，从而增强高中生对于我国特色社会主义的道路自信、制度自信、理论自信和文化自信，使其更认同我党全心全意为人民服务的执政理念的真实性。

2.红色资源的政治性，影响学生思想观念

高中思想政治课本的内容包含着以民为本思想、人民公仆思想和群众路线等我国主要的政治观点，所以，需要依靠红色资源来辅助学习。利用红色资源进行高中思想政治教育，在加强高中生对我国各项政策的法理依据和革命斗争过程的了解中，同时，以其政治性深化高中生对人民民主专政制度和中国特色民主的了解，有利于强化学生的民主观念，提高高中生的政治素质，强化学生参政议政的能力和积极性。

高中思想政治课利用红色资源能增加学生的政治知识。教师要以增长学生知识为思想政治教育的导向，利用红色资源进行教育的同时，要把政治观点和历史知识相结合，让学生更易于理解深奥的政治知识。教师利用红色资源不仅弘扬传播了蕴含在红色资源中的政治知识，还从正确的政治方向和政治目标上给予学生价值观教育，提高了学生对政治现象的判断力，从维护稳定团结的政治局面来说，加深了高中生对我国政治现状的感性理解，从而实现高中思想政治课堂的教学目标。

① 程欠欠.红色资源融入高中思想政治的必要性及路径选择［J］.南昌教育学院学报，2019，34（01）：53-55+92.

二、高中思想政治课红色资源教学的利用策略

（一）选择服务于思想政治教学目标的红色资源

利用红色资源教学并非易事，难点就在于教师精心选择红色资源的时候要对丰富的红色资源有所取舍，并结合学生的认知心理，选择符合政治课堂教学目标的红色素材进行加工，对与教材结合不相关或不贴切的内容要做出删减。教师要对选定用作课堂素材的红色资源进行处理，把零散的红色资料整理提炼纳入教学过程中，成为推动政治课学习的重要助力。

第一，结合本地红色资源，对可利用的红色资源充分挖掘和整合。本土红色资源具有贴近学生生活背景、距离近、易获取、话题度高的优势，是高中政治课十分好用的教学资源。政治教师要做到根据教学内容和时代需要，努力做到取其精华，精心选择，归纳整理，重点还是要落在教学目标上。

第二，教师把本土红色资源进行校际交流。各地区教师要收集可利用的、教育化的、丰富的本土红色资源，校际交流有助于促进优秀教育资源的信息流通。政治教师共聚一堂，把教学实践中与教学内容具有联系、可拓展教材内容、支持课本观点的本土红色资源整理并归类。建立校际教师红色资源教学成果的会议文档，并将其提供给各校教师，方便教师备课时能有选择地按照不同检索方式进行地点、教学内容、时间范围的有目的地选取，以减少教师备课难度，提高红色资源的利用实效。

（二）选择符合学生认知心理的红色资源

一方面，教师教学必须适应学生的认知心理；另一方面，教师教育又要适当超越受教育者的认知水平，即主动调节受教育者的认知过程，使其接受教育，如此才能达到思想政治课的教育目的。

红色资源的教学效果往往依赖于学生已有的思想观念、道德范式及需求选择，这就要求教育者以学生需求为根本，积极整合红色资源，利用一定的教育方法和手段有效激发高中生的学习热情，同时，又积极引导对红色资源做出正确解读。

（三）采用多种方法，确保红色资源的使用效果

政治教师在利用红色资源教学时可以使用红色视频片段、红色资源图片、参观红色资源纪念馆等直观教学法来进行，在运用演示法来利用红色资源时，教师要配以讲解。教师在上课之前要对展示的红色材料的历史背景、人物概况、事件发生的条件有比较全面的认

识，以解答学生对资料可能产生的疑惑。

教师可以带领学生前往当地红色资源教育基地进行思想道德教育。教师实事求是地根据政治教学目标的要求和现实条件，来确定学生参观红色基地需要达到的教学目的、参观时间、参观对象、参观地点及参观的流程，在学校做好组织，在参观地点做好准备。

除了思想政治课本知识的教学内容，高中教师还可以通过组织丰富多彩的红色主题学习活动，来进行思想政治教育。例如，根据革命纪念日开展相关的思想政治教学活动，组织红色主题话剧演出，让学生成为主角，参照红色革命历史经典片段、经典革命故事改编话剧。举行红色诗歌朗诵比赛，学生自行准备红色诗歌，通过排练对红色资源进行深入了解，潜移默化地强化思想政治课效果，等等。

相比而言，学生参与活动获得的知识要比学生课堂习得的知识更具感染力，可以使参与活动的学生激发出对国家的热爱，使青少年一代更热爱祖国，珍惜现在的幸福生活，从而增强国家的凝聚力。

第二节　高中思想政治教育新闻资源的应用

经济全球化的深入发展和转型期的问题会使文化、价值趋于多元，作为信息时代的高中生，一方面必须具备广阔的智力背景，广泛涉猎各种知识；另一方面必须具备正确的价值导向和正确认识分析现实的能力，才能应对新时代信息社会的各种挑战。教师在课堂教学过程中开发新闻资源，并将新闻中蕴含的信息加工整合为高中思想政治课堂中的课程资源，可以拓宽学生的知识面，提高理论联系实际的能力，并在此过程中帮助学生树立正确的情感态度价值观。

一、新闻资源在新课中的应用

新授课是以传授新知识新技能，在智力和能力上提出新要求为主要任务的课，作为各种课型中的主要形态，其基础性地位尤为重要。由于内容是学生第一次接触的知识，如何组织好这些内容将它们内化为学生的知识，对教师是个考验。所以，教师在教学过程中尤其要注意有效整合运用各类课程来激发学生的学习兴趣。

（一）捕捉新闻资源的兴奋点，导入新课

精彩有效地导入能够激发学生主动参与课堂学习兴趣，使学生在自然轻松的状态下步

入学习状态，激励学生进一步主动参与课堂教学活动。可以说，导入环节进行得成功与否直接影响着一堂课的教学效果。教师可以捕捉新闻资源的兴奋点，从新闻呈现形式来讲可以采用生动的新闻视频或具有冲击力的新闻图片；从内容来讲，可以截取新闻信息中最能吸引学生的关节点和报道中生动、趣味、惊险、悬念等内容或措辞，设法在学生身上形成"情绪高涨、智力振奋"的内部状态，调动学生继续参与课堂的热情与探究知识的欲望，引导学生对后续的课堂教学产生兴奋的心理期待。

（二）寻找新闻资源的结合点，例证知识

所谓结合点，是指教材与新闻资料的对应点。找到对应的新闻资源后，对新闻资源必须重新加工、整合使其与教材目标、内容相切合，服务课堂教学。新闻资源的应用不是将新闻完整、一字不落地简单引入，而是根据需要对新闻资源进行优化重组，结合新闻资源的自身优势特点及新闻内容，根据书本知识重新优化组合。对于高中思想政治课中一些比较抽象、枯燥观点、理论引入新闻资源来进行阐述，便于学生理解和接受，同样也培养了学生理论联系实际的能力。而高中思想政治课教学中有些简单知识亦可以通过应用新闻资源来激活课堂气氛，增加学生的学习兴趣。

（三）重视新闻资源的思辨点，探究情境

有疑问才有求知欲，才能引发学生的深入思考。高中思想政治课教学中依据教学目标和教学内容创设情境，以问题为纽带引领学生积极思考，激发学生对已有的生活体验的重新感悟，主动融入课堂教学活动，在活动中不断获取新的感受、新的体验，从而领悟知识，学会方法，发展能力，丰富情感。新闻事件中蕴含大量的思维点、拓展点，可以给课堂提供足够资源发挥空间。就教师而言，可以根据新闻事件中能够引发学生思考、进一步探究的内容设置相应情境，巧妙地引导学生进入新闻事件情境中去，教师通过设置合适的问题，引导学生自主思考、主动探究。学生通过解决问题从而掌握知识，形成理论联系实际的能力，养成善于思考的心理品质。

（四）抓住新闻资源的动情点，升华情感

所谓动情点，是指最能引起学生共鸣、使之产生强烈震撼力，激起情感波澜的地方。教学的高级目的是提升学生情感，打动学生心灵，促使知识内化为其思想情感，最终落实到学生的行动中去。在课堂教学过程中通过回归现实生活，升华学生情感，从而培养学生健全的人格和激发学生的求知欲。新闻资源以其新颖性、时代性、真实性，能够为政治课堂教学提供具体的情境，教师可以选择其中感性而又充满激情的内容或形式，融入高中政

治课教学从而升华学生的情感。

二、新闻资源在复习课中的应用

复习起着总结、深化、提升的关键作用，学生学习知识，总是包含着保持和遗忘这样两个相反的过程，只有经常地进行各种形式的复习，使学过的知识不断"再现"，才能强化记忆，防止遗忘。作为一种基本课型，教师会经常安排专门的课时、设计专门的主题、设置专门的习题来组织复习，帮助学生对学过的知识进行整理、归纳、概括，使之系统化和结构化。

高中复习课的常见授课方式是以知识梳理、回顾，加以习题训练与技能传授为主，往往是由于知识容量较大，体系性较强，学生对已学知识缺乏新的求知欲望，复习效果并不理想。在复习课教学过程中，可以从整体上把握复习内容后适时添入新闻资源，设计一系列有关联的问题背景，然后逐个呈现，逐个分析，逐个解决，在知识复习中解决现实问题，在现实问题的澄清中升华情感。

（一）新闻资源在单元复习课中的应用

复习课是以巩固学生已学知识，培养其解决问题的能力为主要教学任务的一种课型。单元复习也叫阶段性复习，是指在一个单元或某一章教学结束后专门的复习，通常会安排一至两个课时。单元复习的目的是根据课标的要求和教学内容的重难点把某单元所学的知识进行整理、归纳，使之系统化，以加深学生对教材中重点内容的理解。这种复习以巩固梳理基础知识为目标，所以，在复习过程中必须扎扎实实做好基础知识的复习工作，对重要、基本的、核心概念要点进行准确的记忆和理解，真正弄清其内涵和外延，并注重知识的联系与归属。可以通过创设一定的情境，引入新闻事件内容来串联相关知识点，不仅能为高中思想政治复习课带来新鲜的课外知识，而且还能够激发学生主动学习知识的信心与热情。

（二）新闻资源在高三总复习中的应用

高三总复习的特点是：教学内容已知且对于多数同学来说是熟知，学习主体的脑子里已形成了一定的知识，但由于这些知识的获得是通过具体而细碎的课堂教学来完成的，所以知识点往往是零乱而呆板的，不成体系的。如此的后果就是不利于培养学生的学科能力，更谈不上学生创新精神的养成。概要来说，高三复习课的主要任务是提高学生的思维品质和学习能力，把握知识的整体网络的内在规律，通过知识的再学习来培养学生的学科能力与创新精神。因此，在高三总复习课中以新闻情境材料为载体，设置有内在逻辑性的问题链，然后有计划地引导学生运用所学知识对已知事实开展纵深方面的拓展，扩大学生知识的迁移度，促成学生形成多维度的知识体系，达到加深理解，融会贯通，系统掌握，"知新"的目的。

三、新闻资源在高中思想政治课课外活动中的应用

在高中思想政治课教学中，课堂教学活动在学校教学中毋庸置疑地占据核心地位，但是只是依据课堂教学来组织教学明显是不符合现代教育要求的，这时候我们需要开展第二课堂，运用课外教学活动来弥补课堂教学的局限，拓展教学思路，提升学生对课堂教学内容的理解与运用。

高中思想政治是一门实践性很强的课程，政治教师应该充分认识课外活动中新闻资源的价值，新闻资源为思想政治课课外活动的开展提供了宽泛而又多样的素材，将新闻资源与高中思想政治课课外活动相结合：一方面，教师可以引导学生将课堂中学习到的书本知识运用于第二课堂，用于具体实践活动，培养学生理论联系实际的能力；另一方面，课外活动中新闻资源的运用也能服务并巩固于高中政治课堂教学实效，激发学生对政治课的学习兴趣与热情。

在课外活动中可以依托学校社团这一有效载体有组织地开展。我们以时事新闻的聚焦沙龙为主题开设时事沙龙社团，开展多样的以新闻事件为主题的各种社团活动，调动学生参与的积极性。

（一）聚焦新闻热点，开设专题讲座

新闻是对当下发生的事件的报道，新闻事件的发生有其存在的新闻背景与发展动态，这些为新闻专题讲座的开展提供的丰富的话题内容。结合国内外的新闻热点，开设时政专题讲座，对于当下大多数高中学生来讲是额外的知识补给，不仅能够丰富学生的课外知识，拓展学生知识面，还能及时呈现新闻资源应有的教育价值。对时下新闻热点及通过讲座来引导学生对新闻事件的来龙去脉有整体了解。由于对新闻事件有个全面的把握，于是看待问题更加理性科学，能够有效地改善高中生看待问题偏激、片面、易冲动的特点，帮助学生形成一定的逻辑推理的思维能力，辩证科学地评价问题的能力。同时，引入一些不便引入课堂或课堂无法展开的新闻事件，如负面新闻、娱乐新闻，培养学生对社会、对生活关注的习惯，增强学生的公民意识与主动参与社会事务，关心社会现状的责任意识，增强爱国意识。

（二）围绕新闻热点，撰写政治小论文

高中生针对时政热点材料和社会生活的热点话题，选择自己感兴趣的角度，结合所学

的知识点，阐述自己的看法和观点，发表自己的议论和见解，这就是政治小论文。撰写新闻评述类政治小论文可以培养学生观察社会、关注新闻热点的习惯，提高学生运用知识、解决问题的能力，既可以提高他们的写作能力，又可以拓展学生思维的广度和深度，提高他们的思想觉悟。学生在撰写政治小论文的时候，需要运用到课本知识、联系新闻事件的现象及本质，既能考查学生对所学理论知识的掌握情况，培养学生在实践基础上观察问题、提出问题的能力，又能考查学生运用所学知识分析、研究问题从而创造性解决问题的能力。同时，也能培养学生的语言组织能力、写作能力、思维能力等综合素质。教师在组织过程中，要积极组织、精心指导，关注小论文撰写的新颖性、质疑性、宜小性，要进行专门的撰写指导，同时也要注意利用各项物质或精神奖励：小论文报告会、论文集来帮助学生巩固撰写小论文的成就感和参与的积极性。

第三节　高中思想政治教育影视资源的应用

影视是电影艺术与电视艺术的统称，是现代科学技术与艺术相结合的产物，通过画面、声音、故事情节等语言来传达与表现。"影视资源"就是指一切以电影电视形态呈现出的资源，它是一种融合了文学、绘画、摄影、戏剧、建筑、音乐，以及声、光、电、色彩等一系列艺术因素和多种感知觉相互兼容的具有强烈刺激效果的资源。某种程度上而言，影视资源是集综合性、表现性和启迪性等多种优点的艺术表现形式。

"政治影视资源"是指在思想政治课堂教学中，为辅助课程实施和保证课程目标的实现，选取的有直接应用价值或潜在应用价值的结合了影、声、光、形等多种感官刺激方式的基于现代影像技术的信息资源，主要包括电影、电视剧、电视栏目、新闻、广告、自拍视频等类型。

一、影视资源的特征

随着时代的飞速发展，影视作为一种与人生活息息相关的媒体资源，对人们的学习与行为习惯产生了深刻影响。将影视资源纳入思想政治教学中，能够为课堂注入新的活力，总体而言，在思想政治教学中应用的影视资源其基本特征主要体现在以下三个方面：

（一）内容生动

影视资源作为一种生动的艺术表达方式，将声音与图画等结合在一起，能给学生在视听觉上以直观感受和刺激，表现力更强。在内容上具有明显的生动性特点，对于激发学生学习兴趣，引导学生自主思考，创造良好学习氛围具有重要作用。与此同时，影视资源还具有教育功能，特别是红色影视剧、法制栏目以及道德典范影视剧等对于弘扬社会主义核心价值观，帮助学生树立正确的政治方向，开展情感态度与价值观教育，提高思想政治学科核心素养具有重要作用。此外，影视资源还具有浓厚的生活性特点，在当今社会影视渗透到人生活的方方面面，影视资源纳入课堂中，可使学习内容与生活有效整合，让学生感觉学有所用，从而增强学生对社会理解和参与的能力。

（二）类型多样

影视资源类型多样，表现内容丰富多彩，涉及社会生活的方方面面。类型方面，影视资源涉及电视剧、电影、纪录片、话剧、新闻访谈等；题材方面，影视资源涉及爱情、战争、历史、科幻、科教等多种类型；内容方面，影视资源涉及到经济、政治、文化和社会等各方面；数量方面，影视资源数量和素材极其丰富，并且呈快速增加趋势。多种多样的影视资源为教师提供了较大的选择余地，可满足不同年级、不同类型课堂的素材需求。丰富的影视资源使其又具备了综合性的特点，而这一点恰恰与高中思想政治课程具有学科内容的综合性相契合，因此，影视资源对于学生思想政治学科核心素养的形成和发展具有重要意义，对于学生理论思维能力、政治认同、法治素养及社会参与能力的提高具有重要作用。

影视资源的综合性还体现在不同类型的影视可为不同的授课内容提供素材，同一个影视素材可以在不同章节传递不同的知识点。影视资源还具有鲜明的时代性，影视资源是随着社会发展和科技进步而出现的，因此，影视资源的类型及数量也在呈现快速增多的趋势。因此，教师可以根据时代发展，及时更新教学素材，有效弥补教材素材时效性不足的缺陷。

（三）渠道多元

影视资源的获取渠道具有多元化特点，特别是随着互联网技术的发展，各种各样的网络平台为及时有效地获取影视素材提供了便利。特别是随着智能手机的迅猛发展，多数网络平台均可以通过 APP 下载和编辑所需影视片段。各种操作相对简单的视频编辑软件如会声会影、爱剪辑等为教师加工影视片段提供了可能，智能美拍以及抖音平台也为教师自己制作微视频等素材类型提供了便利。

影视资源除了获取渠道多元和编辑加工相对简单外，在具体应用方面，影视资源还具有灵活性特点。教师在实际应用中，可以根据教学计划、教学目标、教学重难点和具体教学内容，灵活选择影视资源的具体类型、播放时长，并且根据不同的教学内容将影视资源应用于不同的教学环节中。

除此之外，影视资源还具有可控性特点，即教师可以根据教学节奏或教学效果科学控制影视的应用，比如根据教学需要选择暂停、重播等，从而提高影视资源应用的价值，保证高效课堂的实现。

二、影视资源在高中思想政治教学中的可能性

（一）高中思想政治课教学与影视资源的契合点

影视作为现代科学技术与艺术相结合的产物，其依托现代科学技术，融汇了多种艺术形式，并通过画面、声音、故事情节等表现形式进行展现。作为大众文化的突出代表类型，特别是在目前传统媒介方式逐渐衰退的背景下，影视因其信息量大、传播迅速、直观形象等优势对人们的认知与行为产生着剧烈影响，其内容丰富与类型多样的特点又为满足不同层次与类型的群体提供了多种可能。

高中思想政治课程的目标在于引导学生紧密结合与自己生活密切相关的经济、政治、文化生活，辩证唯物主义和历史唯物主义的基本观点和方法，切实提高学生参与现代生活的能力，初步树立正确的世界观、人生观和价值观，为终身发展奠定牢固的思想政治基础。高中思想政治课程涉及的内容涵盖经济、政治和文化生活等方方面面，这与影视资源类型众多、主题广泛的特点不谋而合，二者具有天然的契合性，为高中思想政治课堂引入影视资源并加以灵活运用提供了可能。

此外，随着影视资源的日益泛滥，逐渐渗透到社会的方方面面，中学生特别是高中生群体作为影视的主要受众，其对世界的总体感知、思维方式的初步形成、道德品质的整体塑造上都深受影视资源的影响，原因在于，较之于传统的学校教育、家庭教育重说教、轻渗透而言，影视的非强制性对于学生而言更易于接受。尽管有大量的优秀的影视资源素材对高中思想政治教学的内容与方法形成"高度契合"支撑，使得将影视资源纳入课堂教学中成为可能，但不可否认的是，影视资源中存在的虚假素材，其对当前高中生的价值观念塑造将产生一定的影响。

（二）计算机的发展为应用影视资源提供了硬件支持

改革开放以来，随着我国经济的快速发展，教育方面的投资规模和强度得到了大幅度的提高和改善。特别是随着计算机技术的发展以及互联网技术的完善，我国的教育信息化建设得到了大幅改善，特别是教育信息化基础设施和数字化教学资源方面都开展了建设。

基础设施的建设是重中之重，它是实现教育信息化战略的物质基础和首要条件。经过多年的建设，我国的教育信息化基础设施格局已经基本形成，为广大的学生、教师、科研人员和管理人员使用信息化设备、接入因特网提供了便利条件。而且，随着教育信息化基

础设施初具规模，数字化的教育资源体系也逐步形成。特别是近年来云计算、移动互联网技术、大数据、智能手机等新技术的广泛应用，社会各行各业的信息化步伐不断加快，社会的整体信息化程度不断加深，信息技术对教育的革命性影响逐渐加深。

三、影视资源的全面搜集与科学遴选

教师要想掌握一种教学模式，除了具备扎实的专业知识和熟练的操作技巧以外，还要有意识地培养教学思维和教学习惯，这样才能做一个有心人，不断地积累教学资源。教师运用影视资源进行教学，首先要广泛接触影视剧，对影视资源有一个清晰的分类，做到见多识广，逐渐建立一个可以为思想政治教学服务的影视资源素材库。当教学过程中需要的时候，知道该从哪些渠道去搜集，了解哪种类型更符合自己的教学需要，以便能够从容应对。与此同时，由于影视资源的种类与数量繁多，并非所有的影视资源均可以引入课堂教学中，需要根据具体的原则进行仔细遴选。

（一）影视资源的全面搜集

结合思想政治课堂的讲授内容，结合现实中的影视资源类型可以将政治影视资源的搜集渠道概括为以下三种：

第一，隐含思想政治知识的新闻节目。《新闻联播》节目以政治、经济、科技、社会、军事、外交、文化、体育、农业、交通等方面新闻为主。此外，各省市地方频道上也会有地方新闻栏目，教师可以根据需要从新闻栏目里面截取新闻片段供教学使用。

第二，思想政治知识类电视栏目。思想政治类电视栏目主要体现在两个方面：①与思想政治相关的纪录片；②由法制频道或经济频道所播放的普法或者普及经济常识的电视栏目。此外，还有与军事相关的军事类节目，教师可以根据课堂需要，从相关电视栏目中截取片段。

第三，蕴含思想政治知识的电视剧、电影片段。蕴含思想政治知识的电视剧、电影片段方面，电视剧方面主要是侧面体现思想政治知识的连续剧，比如，历史剧以及以现实人物为原型所拍摄的电视影片。电影方面也主要是历史电影或以现实人物、现实事件所拍摄的影片。此外，由国家主流媒体拍摄的微视频也可以作为影视资源素材加以利用。

（二）影视资源的科学遴选

是否采用影视资源，采用哪些影视资源，拟解决什么问题以及实现何种预期目标，教师一定要做到心中有数。教师一定要根据实际课堂需要及教学内容，遴选出与本堂课关系最为密切的影视资源，进而开展教学设计。比如，教师在选用影视资源前须回答使用影视资源是为激发学生学习兴趣或创设情境使用，还是提供事实材料或发挥典型示范作用使用，是作为学生探究对象还是在讲解某个重点知识时加深学生印象或是帮助学生突破某个抽象、枯燥的难点使用等问题。只有这样，影视资源才能发挥其应有的作用。

1. 选择典型性资源

影视资源的类型多种多样，涉及社会生活的方方面面，特别是在当前互联网媒介极其发达的情况下，教师的选择余地和范围较大，但并非所有的影视资源均可以成为课程资源被引入课堂中使用，并且受制于教学时间及授课内容，课堂上也不允许将所有相关影视资源均进行展示。此外，由于高中学生群体其年级、班级及其学生学习程度的差别，其对影视资源的接纳和理解程度也存在差异，影视资源在不同年级和班级中使用效果进而也会存在差异。因此，教师在遴选影视资源的过程中，既要根据教学大纲与教学目标，甄选典型性最高，与本堂课教学内容最为契合，最能突出教学重难点的影视资源，同时，又要依据学生的年级、知识储备，与学情的契合程度最高的影视资源，只有这样对选取的影视资源进行裁剪拼接运用，才能达到影视资源运用的效用最大化。

2. 选择启发性资源

在教学过程中，作为主导力量的教师要充分尊重学生的主体地位，积极调动学生的课堂积极性，引导学生独立思考，通过学生的合作探究学习以达到教学目的。因此，教师在遴选影视资源的过程中，既要选择启发性较强，有利于激发学生学习兴趣与欲望，有利于调动生学习的主动性与积极性的影视材料；同时，又要有利于创设教学情境，引导学生提出问题、思考问题，通过师生共同参与、合作探究进而回答问题，从而培养学生发现问题、分析问题和解决问题的能力，提高和发展学生的自主学习和探究能力。

3. 选择时代性资源

当前，思想政治教师在教学中需要不断掌握本学科发展的新动向，教师在遴选影视资源素材的过程中，所遴选的素材要能够充分反映习近平新时代中国特色社会主义思想，要符合培育和践行社会主义核心价值观的基本内容和要求。教师要及时跟踪当代社会发生的重大事件与最新资讯，只有与当前时代联系最紧密、最具有时代感的影视资源对于学生的冲击力、吸引力才最大，带入感才最强。教师在甄选影视素材的过程中，要尽量选取生活化的影视资源对于发挥其效用也具有积极意义。

四、影视资源在教学过程中的应用

（一）课堂导入环节中的应用

课堂导入环节是组织课堂教学的开始，成功地导入可以起到迅速组织课堂、快速引导学生进入学习状态的作用，可为课堂良好教学效果的取得奠定基础。高中思想政治教学过程中，如果单一地采用知识回顾或者单一地讲述导入的话，课堂导入平淡，很难将学生的精力有效集中，而在导入环节，特别是新课讲授过程中，采用影视资源进行导入，可以促使教学充满动感，并起到酝酿情绪、激发兴趣、渗透主题和创设情境等全方位的作用，进而吸引学生集中注意力，快速进入良好的学习状态。

在导入环节应用影视资源，教师首先要遴选出与新授课最为相关的影视片段或音乐等素材，时间不宜过长，厘清所选定的影视素材的基本概况，在给学生播放影视片段之前，教师要对影视片段的背景等进行简要介绍，在观看过程中及时引导，激发起学生的学习兴趣，进而将学生顺理成章地引入本节新授课的情境中，从而提高学生的积极性与主动性，需要说明的是，结合实际讲授内容及素材，可以在新授内容结束后或总结阶段回扣导入环节采用的影视片段。

（二）课堂扩展环节的应用

课堂的扩展是对学生所学知识的进一步深化和运用，拓展环节对学生加深课堂新授知识的理解，重点难点的把握具有重要作用。影视资源作为素材在拓展环节的应用可以改变课本或者纯文本材料等单一枯燥的形式，从而起到激发学生巩固和加深所学知识的兴趣，并且通过对影视素材和资料的分析，对于培养学生理论思维能力及灵活运用所学知识的能力具有重要作用。此外，通过播放具有时代性的影视素材还可以有效克服现有教材中素材时效性不足的缺陷，同时，还有利于强化中学生时事政治教育。

在拓展环节应用影视资源，教师要在科学掌控住教学节奏的前提下，及时找到学生的兴趣点和突破点，在重难点讲解后适当穿插一些影视素材，此处选择的影视素材时长控制在10分钟之内，其主要内容能够在印证重难点的基础上适当地延伸，在播放的过程中，教师要适当地加以点拨与引导，让学生在巩固已学知识的同时，丰富和拓展课堂教学内容。

（三）课堂总结环节的应用

课堂总结阶段是整节课必不可少的环节，通过引导学生对所学的知识进行回顾和总结，梳理出本节课的知识脉络及重难点，实现教学内容的总结与升华，对于学生实现知识的系统和深化具有重要意义。由于总结阶段基本临近课堂结束，且师生均较为疲惫，如果教师此时只进行机械总结，往往会出现学生走神或不认真听讲的现象，影响教学效果甚至会出现虎头蛇尾的问题。如果教师能巧妙地利用影视资源，在总结阶段播放能够串联本节课知识点或者能引发学生课后思考的影视片段，不但能起到巩固课堂教学内容的效果，对于学生深刻理解、记忆课堂教学内容也具有帮助作用。

在课堂总结阶段应用影视资源，教师在讲授完本节教学内容的重难点并进行巩固提升后，须留出短暂时间让学生自己回顾本节课所学内容，在此基础上，教师要采用能够串联本节课的核心知识点的影视素材，在控制好课堂纪律的前提下进行播放，通过播放视频一方面缓解学生疲劳、紧张情绪；另一方面再次激发学生兴奋点，进而教师结合视频内容在引导的基础上对本节课所学的知识进行梳理总结。

第四节 高中思想政治教育微视频资源的应用

微视频教学资源是指那些用来辅助教学的微视频资源，也就是说，当微视频资源的目的是用于教学、帮助教学时，就被称为微视频教学资源，它是在教学目标与视频影像手段相结合的情况下产生的。微视频资源只是一种素材的代名词，它需要通过教师结合学生实际的身心发展特点，以及自身已有的知识结构对其进行加工处理，才能真正成为微视频教学资源。微视频教学资源是一种依附于科学技术发展起来的新兴课程资源，它与传统的视频资源有很大的区别，它具有自身的特点与优势，在辅助高中思想政治课堂教学中也凸显出它自身独特的作用。

一、微视频教学资源的类型

在现代文化多元化的社会里，信息技术和科学技术高速发展，依附于多媒体出现的微视频教学资源也快速发展，数量繁多，类型也非常多样，从不同的维度可以有不同的分类。

（一）情境创设类资源

情境创设类微视频教学资源，是指为思想政治课堂教学创设一定情境的微视频教学资源。这类微视频教学资源主要目的是为课堂创设一定的情境，增强思想政治课的生活化特征，帮助学生虚拟的体验难以亲身体验或者根本不能亲身体验的情境。在实际课堂教学过程中，进行新课导入时，经常会利用微视频教学资源来辅助教学，主要是创造与课堂相关的情境，引导学生尽可能快地进入课堂状态，带领学生在情境中学习。这类微视频给学生往往带来非常大的视觉冲击力，经常具有比较丰富生动的色彩和形式，能在短时间内快速地引起学生的注意，并能使学生快速地进入课堂。像这类微视频教学资源就被界定为情境创设类微视频教学资源。微视频教学资源应用于创设教学情境，能给学生带来最直接的刺激，能够极大地激发学生的学习兴趣。

（二）辅助讲解类资源

辅助课堂讲解类微视频教学资源简称辅助讲解类微视频教学资源，主要用于课堂上对重难点知识的讲解，其中包括难以讲解清楚的概念、原理以及现实中难以见到的场景现象。在思想政治理论学习中，常见一些比较抽象的、难以理解的概念、定律和原理。这时候运用声像同步的微视频教学资源来进行讲解，帮助学生理解概念的内容、实际意义或功能，使抽象化的概念通过具体化形象在学生头脑中呈现出来，此时微视频教学资源发挥的作用就是帮助讲解课堂知识，这类微视频教学资源就常常被归纳为辅助讲解类微视频教学资源。同时，在思想政治教学的过程中，还可能遇到生活中难以见到的现象，或者是不能亲自地见识全过程的现象，比如，通货膨胀这一过程，在现实生活中学生难以见到这一完整的过程，利用微视频教学资源可以帮助学生建立一个完整的"心理图像"，让学生在短时间内模拟体验这一现象，像这类的微视频教学资源就属于辅助讲解类微视频教学资源。辅助讲解类的微视频教学资源其内容往往很具体，形式和色彩不太丰富，但直观性和说服力极强。

（三）巩固强化类资源

巩固强化类的微视频教学资源主要用于巩固课堂教学中学习过的知识、情感，起到的作用主要是巩固、强化知识及情感。一般是在完成一个较难的知识讲解后，学生理解不够，利用一个与之相关的微视频教学资源进行巩固强化，让学生通过分析、观察形成对课堂中所讲知识更加深刻的认识；或者是在教学过程中需要对学生进行重要的德育教育，为了让学生具有深刻的感受，就利用微视频教学资源进行感染与强化。这时候的微视频教学资源所起的作用就是帮助学生强化，这类微视频教学资源就被定义为巩固强化类微视频教学资源。

此外，在复习课阶段，有的知识掌握得不够好，或者是不够深刻，导致学生已经忘记，这时候利用微视频教学资源帮助学生回忆，这也是属于巩固强化类微视频教学资源。巩固强化类微视频教学资源的内容可能不太丰富，但是，这类微视频教学资源具有极强的针对性，直接指向学生需要巩固的知识或者是学生需要掌握的情感教育，往往会留给学生观察和想象的空间，让学生形成深刻的印象。

（四）陶冶情操类资源

思想政治课是一门德育课程，高中生的德育主要是依靠思想政治课与其他学科教学来实现。思想政治课具有双重性，既要让学生学会政治、经济、哲学以及中国特色社会主义文化的相关知识，又要让学生在学习过程中形成正确的思想品德。因为微视频具有其特有的直观性、生动性，能够帮助渲染课堂，能有效地形成对学生的熏陶，更好地帮助学生提高道德情操。所以，在高中思想政治课堂教学中，教师通常利用微视频教学资源来渲染课堂氛围，来帮助学生形成高尚的情操。像这类用来帮助学生形成高尚情操的微视频教学资源被定义为陶冶情操类微视频教学资源。陶冶情操类微视频教学资源的使用相对来说比较随性，没有过多的要求，教师一般可以根据课堂需要和学生的状态来选择利用，这类微视频教学资源一般来说内容非常丰富，具有十分强烈的感染力。

二、微视频教学资源在思想政治教学中的应用原则

利用微视频教学资源辅助高中思想政治课堂教学，能实现微视频教学资源的思想政治学科价值，能促进思想政治课堂教学时效性，但是前提是微视频教学资源必须得到有效利用。笔者通过对前辈们的研究成果进行分析，以及根据思想政治的学科特点得出，实现微视频教学资源的思想政治学科价值，需要遵循以下原则：

（一）实效性原则

微视频教学资源的选取、播放与运用可以根据实际需要灵活选用，但是需要以其实效性为基础。微视频教学资源的应用需要坚持实效性原则，必须能够促进学生的学习，选择微视频教学资源时，要根据教学实际情况有针对性地选取，需要针对实际教学内容，针对实际学生特点，针对不同的实际运用状况。应用微视频教学资源要具有实际效果，否则，学生将很难抓住微视频的重点和主题，或者是难以集中注意力，使得学习效果欠佳。同时，也要善于根据实际情况灵活运用。利用微视频教学资源要注意确保微视频与课堂内容的高契合度，在观看微视频之前也要注意提示学生主要针对的问题以及需要注意的点，使得学生看视频更加有针对性，不偏题、不分心，让学生清楚知道观看微视频的最终目标，引导学生带着问题看、有方向地看，最大限度发挥微视频教学资源的作用，坚持实效性原则。

（二）适度性原则

微视频教学资源能够简化课堂，能够提高课堂实效性，但并不代表越多越好，也不代表越少也好，凡事都有度。微视频教学资源在思想政治教学中应用的适度性主要有三个维度，包括时机适当、时长适度和数量适量。

微视频教学资源只是一种辅助资源，只是课堂教学的配角，不能反客为主成为课堂的主角，教师在运用时应该注意它的地位，不能盲目使用微视频。使用微视频教学资源的数量并不是随意来定，是需要根据实际教学内容和教学条件来定，使用数量过多的话会让学生眼花缭乱，让课堂显得过于花哨，同学们只注重微视频本身，这将影响课堂应有的教学

效果。同样，明明可以利用微视频教学资源的地方，教师根本不利用微视频，这将使微视频教学资源失去它应有的价值，是不可取的。同时，微视频呈现的时机要合适，需要考虑当堂的教学目标和教学环节，依据实际情况而定，实现微视频教学资源价值最大化。

微视频教学资源的时长要适度，时间不能过长而占据有限的课堂教学时间，教师应该把握好课堂上的时间分配。微视频教学资源的数量适度、时长合适、时机适当，才能充分发挥它的真实价值。所以，微视频教学资源的运用时机要把握适度性原则。

（三）辅助性原则

微视频教学资源固然有声色像同步、信息密度大、信息容量大等优势，能够增添课堂趣味性，能够丰富课堂教学方法。利用微视频教学资源辅助思想政治课堂教学可以调动学生学习的积极性，激发的学生学习兴趣，可以构建轻松愉快的学习氛围。但是，思想政治课的目的是让学生通过学习理论知识来提升自身的素质，运用思想政治微视频教学资源的最终目的就是为了更好地服务于思想政治课堂教学，而不是为了学习微视频教学资源本身，微视频教学资源只是辅助性材料。

在教学过程中，不能颠倒主次，不能把微视频教学资源作为上课的主角。在思想政治课堂教学中我们还是要把握教材、了解学生，课堂不能脱离教材，不能脱离学生，要把教材、学生作为我们最重要的课堂资源，把学生发展作为我们最终的目标。微视频教学资源只能作为课堂辅助性资源，辅助学习理论知识，帮助形成正确的情感态度价值观，最终促进学生各方面能力的提升，实现全面发展的时代要求。所以，在运用微视频教学资源时需要坚持辅助性原则。

三、微视频教学资源在思想政治教学中的选取依据

微视频教学资源具有声像同步的优势，能够辅助教学，促进思想政治的时效性。然而，实际应用过程中，教师不会选取资源，不能科学地呈现、运用资源，造成微视频资源根本不能实现其自身的价值。思想政治教师在应用微视频进行教学时，一定要有严密的选取准则，选择微视频教学资源时一定要根据课堂实际需要、教学目标和教学内容以及学生自身发展的基本情况来进行有目的的选择，使微视频教学资源最大化地服务于思想政治教学。能够更好地促进教学目的的实现，促进学生在德、智、体、美、劳等诸方面健康发展。

（一）依据课堂需要选取微视频教学资源

微视频教学资源是高中思想政治课教学中比较常见的一种直观资源，有利于促进思想政治课的教学。但是，不同的教学环节需要不同类型的微视频教学资源，不同的教学资源

适合于不同的教学环节，我们需要根据课堂需要来进行选取。

在思想政治课的导入环节，主要是以创设情境、引起学生注意或是引出本节课所要讲授的知识点、提供学生学习的诱因、激发学习动机为主要目的。主要需要我们为思想政治课堂创设一定的情境来激发学生学习的情感心理场，帮助学生构建认知活动和主动的意义。这时候我们就需要选取与本堂课相关联的，具有代表性的、场景性的微视频作为我们的教学资源。

在思想政治课堂新知识讲授环节，为解释课堂教学中的某个概念、某个原理或者呈现某种现象，使这个具体的概念、原理或者是现象变难为易、变抽象为具体，选用微视频教学资源时，就应该选取那些能帮助讲解的，能让学生直观了解知识的辅助讲解类微视频教学资源。

在课堂知识巩固环节，为了巩固强化课堂教学中的已经学习的知识点，使学习者能有效把握课堂中的重要知识点，就需要有针对性地选取与课堂内容相契合的、能对课堂中所学习的主要知识点起到补充说明和重现作用的巩固强化类微视频教学资源。

同时，实现学生的情感态度价值观教育是思想政治课的另一个重要目标。在思想政治课堂教学中，经常需要陶冶学生的情操，让学生得到情感上的升华，这时候，我们就需要选择那些具有感染性较强的陶冶情操类的微视频教学资源。

（二）依据教学目标选取微视频教学资源

在今天这信息大爆炸的社会里，微视频资源五花八门，给教师选取有效教学资源带来了一定的难度。教师在选取微视频教学资源时不能随意选取，要根据教学目标选取，选取的微视频教学资源需要与教学目标保持一致的基调，要能为实现思想政治课的教学目标服务。高中思想政治课是一门通过学习理论知识促进学生素质提高的德育课程，具有很强的方向性，强调知识与能力、过程与方法以及情感态度价值观的三维目标的实现。微视频教学资源的选取必然依据三维教学目标，切忌厚此薄彼，否则就会使高中思想政治教学的方向偏离。

选取微视频教学资源时，首先，教师要熟悉课本的知识结构和内在逻辑关系以及课堂的教学目标，设计好课堂教学内容，为合理选取微视频教学资源奠定基础；其次，在微视频教学资源选取过程中，要注重分析所选的微视频教学资源与教材内容间的关系以及它们之间的联系度，同时要分析各类微视频教学资源的内容、特点及其价值，将其与课堂目标、教材知识结构有效结合，使课堂教学能够严谨、高效，增强微视频教学资源的内在价值和吸引力。结合教学目标选取合适的微视频教学资源，才能避免因盲目使用视频造成教学效果不佳的矛盾。

（三）依据学生身心特点选取微视频教学资源

了解学生情况是有效课堂教学的依据，也是现代教学观的必然要求，全面正确地认识所教对象的知识结构、兴趣取向、个性经验等是课堂有效教学的重要保证。高中生是一个特殊的群体，他们的心智尚处在要成熟但还未成熟阶段，可塑性非常强。因此，高中思想政治课堂教学活动中，要注重了解高中学生在心理、智力等方面的发展潜力，要注重了解学生的实际情况，如年龄、个性、知识、经验等因素。针对学生思想活动的多变性、可塑性、求新求异等特点来进行教学将更有利于高中学生的思想政治教育。

高中思想政治教师在选取微视频教学资源时，就要根据学生实际的认知基础、心理特征等来进行选取。选取的微视频资源要贴近学生的思想热点、认知发展水平以及学生的实际生活，不宜选取太难或者太简单的微视频作为教学资源，也不宜选择太过成人化的微视频教学资源。力求微视频教学资源能尽量与高中生的身心特点相符合，能最大化地服务于高中思想政治课堂教学。

四、微视频教学资源在思想政治教学中的运用方法

有效地应用微视频教学资源不仅要善于选取、呈现微视频教学资源，而且还要求善于利用分析微视频教学资源。思想政治教师利用微视频教学资源进行教学不是简单地进行微视频播放，也不是简单地讲解微视频教学资源，而是以微视频教学资源作为一种辅助材料来进行教学。在应用微视频教学资源的时候，教师可以通过巧妙设置问题、适当拓展知识以及与其他教学方式相结合的手段，充分地利用微视频教学资源，最大限度地辅助思想政治课堂教学。

（一）巧妙设置问题

微视频教学资源作为一种生动的资源，受到广大师生的欢迎，它也具有其独特的优势，但是这都需要在微视频教学资源得以充分运用的前提下才能实现。使微视频教学资源得以充分运用最好的办法就是巧妙设置问题，巧妙设置问题可以保证知识点的落实，提高学生的参与度。以问题的形式既能抓住知识点，又能发散学生的思维，这将会促进学生的全面发展，有利于高中思想政治课的课程目标的实现。巧妙设置问题需要从创设和反馈两方面入手。

1.问题创设方面

（1）问题的内容要合理。巧妙设置问题就要求问题内容要合理，也就是问题创设要

具有有效性。这就要求设置的问题必须与微视频内容及教学内容具有一定的关联性，设置的问题要符合微视频的教学内容。问题要从微视频中来，又要能回到课堂教学内容中去。设置的问题还需要具有指向性、引导性，学生能通过这些问题明白自己观看视微视频的目的与方向，能根据问题做好观看视频的准备。让学生观看微视频之前有一个方向可以增强学生的有意注意，让学生知道自己观看微视频的目的，带着问题来观看微视频更能增强学生观看微视频的效率，能提高微视频的利用率，优化思想政治课堂教学的时效性。

（2）问题的难度要适中。创设问题时要考虑问题的难度，不宜设置过难或者是太简单的问题。因为过于困难的问题会超越学生的思维范围，导致学生不能思考，太过简单的问题学生基本无须动脑，这都会降低问题的有效性。所以，利用微视频进行教学时，设置问题的难度必须适中，不宜过难或者过于简单。设置的问题既要能够让学生产生一定的认知冲突，又要给学生留有一定思考的空间。

（3）问题的结构要紧密。问题结构要紧密就是设置问题时要注意系统性，利用微视频教学资源时，不仅要注意问题内容的合理性以及难度的适中性，还要注意问题结构的紧密性。为了让学生更好地学习，一般播放一个微视频教学资源时都会设计两到三个问题。那么设计这几个问题时就要求考虑它们之间的关联性。在设计一系列问题时，要尽可能地考虑逻辑性，组成一个层层递进的整体。在问题设置中应该有主有次，主次相结合。这样才能激发学生的思考欲望使学生层层深入地思考问题、分析问题，让学生形成深刻的认识。

2.问题反馈方面

在微视频教学资源利用过程中，当学生参与问题解答后，教师要能做出正确的反馈与处理。合理的反馈可以为激发学生参与课堂互动的积极性，提高微视频教学资源的利用率。

（1）以肯定为主。在学生参与课堂教学过程后，教师要以肯定态度为主，经常鼓励学生，增强学生的信心和成就感。多肯定学生有利于增强学生的信心，使学生更愿意参与到课堂教学中来，这有利于鼓励学生发表自己的观点与意见。以肯定的态度对待学生，能增进师生间的情感与理解，更能增强课堂互动效果。

（2）注重形成性评价。利用微视频教学资源进行教学过程中，教师在学生形成反馈过程中注意生成性资源，学生对课堂教学进行反馈后要注重形成性评价，不仅仅关注学生对问题的回答与理解，还应该关注学生在微视频辅助教学过程中的表现，以便及时了解学生在学习过程中存在的困难。教师及时反馈与总结，并及时调整接下来的教学方案。这也将有利于教师课后进行教学反思，不断提高教师教学方法以及微视频教学资源的利用效率，不断调整和改进教师的教学方法，从而真正实现微视频教学资源的思想政治学科价值，提高高中思想政治课的教学时效性。

（二）适当拓展知识

1. 相关知识的拓展

在播放微视频教学资源后，除了分析课堂里要讲的知识点之外，我们还应该适当地扩充相关的知识。因为，高中思想政治课就是一门发展性的学科，知识时刻在更新，所学的知识也是无止境的，通过适当的相关知识的拓展有利于开拓学生的眼界，丰富学生的知识，还能促进学生思维的发散，不至于学生死板地学习。微视频教学资源只是一种辅助课堂的资源，也会存在其局限性，不可能全面地表现出所有的知识，这就需要教师利用微视频教学资源的时候做出相关知识的拓展。高中阶段正是人生学习的最佳时期，学生的课程负担重，导致学生根本没有过多的时间和精力去感受实际生活，大部分时间都在校园内，教师在利用微视频教学资源的时候借机来拓展相关的知识将有利于丰富学生的知识，拓展学生的知识面，从而促进学生的全面发展。

2. 情感态度价值观的拓展

思想政治课是一门德育课，情感态度价值观目标是德育课程最重要的目标之一，思想政治课就是要通过理论知识的学习来提高学生的素质，使学生的道德情操得以提高，帮助学生形成正确的世界观、人生观、价值观。所以，利用微视频教学资源辅助思想政治教学的时候，一定要抓住时机注意相关情感内容的拓展，理论联系实际，提升学生的道德情操。

（三）灵活结合其他教学方法

微视频教学资源是一种生动直观的教学资源，是依靠科学技术发展起来的新兴资源，合理利用可以给课堂注入新的活力，帮助思想政治课堂教学取得。但是使用微视频教学这一方法并不是万能的，它并不能代替其他的教学法，只是作为一种辅助性质的教学手段而存在的。如果我们抛弃传统教学方法，夸大微视频教学的作用，比如，一节课大部分时间都在使用微视频教学手段的话，教师的主导作用和学生的主体作用就会受到限制，使得师生之间的交流和互动减少，思想政治课堂变成了观赏课堂。无论教育技术如何发展，现代多媒体技术也不能完全取代传统的教学方法，任何教学过程都必须重视教师主导作用的发挥，学生的主体地位不会受到根本性改变。是否使用微视频资源必须依据思想政治课教学目标和教学内容的需要。微视频资源固然有短、精、准以及声像色同步的优点，但如果长期单一地使用微视频教学资源，微视频对学生的吸引力也会降低，微视频辅助教学的形式对学生来说也就没那么新鲜了。另外，大量使用微视频教学资源也会冲击思想政治课程的知识体系，影响学生对知识点的整体理解，也会影响教学目标的实现。传统教学方法注重教师的讲授，现代教学方法注重教师引导下学生的主动学习。传统教学方法和现代多媒体教学手段都各有其独特的优势，所以利用微视频教学资源进行教学必须结合传统教学方法，这样才能充分发挥微视频教学资源应有的价值，思想政治课堂才会精彩，才能使课堂的教学过程和教学效果达到最优化。

参考文献

[1] 蔡清田. 核心素养的学理基础与教育培养 [J]. 华东师范大学学报（教育科学版），2018，36（01）：42–54+161.

[2] 柴世昌. 本土红色文化资源在高中思想政治课程中的地位与作用 [J]. 才智，2016（22）：96.

[3] 陈颖. "互联网+"时代高中政治教学中微课程的制作与应用研究 [J]. 大学，2021（39）：158–160.

[4] 陈政锋. 高中思想政治课堂教学中"微课"资源的开发与运用 [J]. 华夏教师，2018（17）：16–17.

[5] 程欠欠. 红色资源融入高中思想政治的必要性及路径选择 [J]. 南昌教育学院学报，2019，34（01）：53–55+92.

[6] 程炜英，裴艳丽. 微视频教学资源在高中思政课教学中的运用 [J]. 西部素质教育，2022，8（03）：84–86.

[7] 高陆军. 微课在思想政治课教学中的应用 [J]. 中学政治教学参考，2020（10）：17–18.

[8] 高耀东，李珍. 思想政治学科教学艺术论 [M]. 北京：中国经济出版社，2017.

[9] 何孟飞. 深刻认识把握"三个规律"提升思想政治理论课教学的亲和力 [J]. 思想政治课研究，2018（02）：47–53.

[10] 贺秋蓉. 高中思想政治课堂教学语言感染力提升的对策 [J]. 西部素质教育，2020，6（13）：186–188.

[11] 黄艳芳. 红色资源融入高中思想政治教育的优化路径研究 [J]. 广西青年干部学院学报，2021，31（02）：38–42.

[12] 雷文杰. 微视频在高中思想政治课中的应用研究 [J]. 甘肃教育研究，2021（01）：113–116.

[13] 李建民. "全面普及高中阶段教育"的内涵释要与路径选择 [J]. 教育研究，2019，40（07）：73.

[14] 李雅洁，马宝娟. 微视频在高中思想政治课中应用探究 [J]. 创新创业理论研究与实践，2020，3（12）：43–44.

[15] 刘卿卿. 微课在高中思想政治课堂教学运用策略 [J]. 品位·经典，2022（10）：152–154+157.

[16] 刘相镇. 微课在高中政治课堂教学中的运用策略分析 [J]. 西部素质教育，2017，3（13）：227–228.

[17] 罗越媚 . 思想政治课程与教学论 [M]. 广州：广东高等教育出版社，2013.

[18] 聂新潞 . 高中思想政治课案例教学法教学的反思 [J]. 教育现代化，2017，4（40）：279–281.

[19] 乔亭婷 . 浅谈高中思想政治微课的开发和制作 [J]. 思想政治课研究，2018（04）：138–139.

[20] 佘双好 . 提升思想政治理论课教学质量的规律探讨 [J]. 中国高校社会科学，2018（02）：27–35+157.

[21] 沈炯靓 . 基于核心素养的高中思想政治教学 [M]. 重庆：西南师范大学出版社，2021.

[22] 孙剑坪 . 思想政治理论课教学必须坚持的几个重要原则 [J]. 思想理论教育导刊，2015（02）：100–104.

[23] 孙向红，唐燕秋 . 论影视资源在高中思想政治教学中的应用 [J]. 才智，2018（18）：72–73.

[24] 汤俪瑾 . 思想政治理论课实践教学的基本原则和具体环节 [J]. 思想理论教育导刊，2014（01）：66–68.

[25] 王海艳 . 浅议核心素养在政治教学中的实施策略 [J]. 黑河学刊，2018（04）：130–131.

[26] 王华 . 基于案例教学理念的高中思想政治课实践研究 [J]. 现代交际，2018（11）：188+187.

[27] 王丽 . 红色资源纳入高校思想政治理论课教学体系研究 [J]. 理论观察，2016（11）：188–189.

[28] 韦广雄 . 利用本土文化资源开展青少年思想政治教育刍议 [J]. 教育现代化，2019，6(94)：286–288.

[29] 魏巍 . 思维导图在高中政治课堂应用中的现状及对策初步研究 [J]. 教育教学论坛，2017（06）：275–276.

[30] 谢延洵 . 思想政治课思维导图运用的优化与重构 [J]. 中学政治教学参考，2020（33）：42–44.

[31] 徐妍 . 高中思想政治课堂教学中"微课"资源的开发与运用 [J]. 西部素质教育，2016，2（13）：98.

[32] 薛涛 . 浅议高中思想政治教学中的语言艺术 [J]. 教育教学论坛，2012（31）：212–213.

[33] 闫志明，李美凤，孙承毅，等 . 面向核心素养的教学设计反思与进路 [J]. 中国电化教育，2020（12）：105–111.

[34] 杨国英，赵坤华 . 思想政治理论课教师的教学语言 [J]. 承德石油高等专科学校学报，2016，18（06）：68–72.

[35] 于洪卿 . 中学思想政治课程与教学论 [M]. 杭州：浙江工商大学出版社，2021.

[36] 宇文利 . 努力掌握并用好思想政治理论课教学的科学规律 [J]. 思想理论教育导刊，2017（09）：139–142.

[37] 张凤莲，郭艳丽.案例教学法在高中思想政治课中的应用与反思 [J].鞍山师范学院学报，2020，22（05）：94-98.

[38] 张晓丽.论思维导图在思想政治记忆环节中的优势 [J].科教文汇（上旬刊），2017（04）：133-134.

[39] 张兴伟.高中思想政治课教学研究 [M].广州：广东旅游出版社，2019.

[40] 张影，韦晓光，封雅丽.中学思想政治课堂教学实施策略 [M].长春：吉林人民出版社，2020.

[41] 赵强，董彦旭，吴丽俊.基于核心素养的高中思想政治课教学 [M].广州：世界图书出版广东有限公司，2021.

[42] 朱德囊，张园园，王鹤.思想政治教学有效研究 [M].青岛：中国海洋大学出版社，2017.